Aménagement du territoire et sentiers d'économie en Afrique : fonction du bricolage technologique

Collection « Études africaines »

dirigée par Denis Pryen et son équipe

Forte de plus de mille titres publiés à ce jour, la collection « Études africaines » fait peau neuve. Elle présentera toujours les essais généraux qui ont fait son succès, mais se déclinera désormais également par séries thématiques : droit, économie, politique, sociologie, etc.

Dernières parutions

Sandavoy Adamoh DJHELI YAHOT, *L'endettement international : mythe ou réalité en Afrique ?*, 2021.
Basile ANYIA ENYEGUE, *Cameroun : les renseignements généraux français dans la lutte contre l'insurrection armée en Sanaga-Maritime*, 2021.
Moustapha SOUMAHORO (dir.), *Aménagement, décentralisation et développement local en Afrique subsaharienne*, 2020
Maixant MEBIAME ZOMO & Ludovic MBA NDZENG (dir.), *Le travail anthropologique de Paulin Nguema-Obam, Dettes et critiques,* 2020.
Christian SCHOENAERS, *Trois hommes des Lumières à l'île de Gorée*, 2020.
André LISONGOMI BATIBONDA, *Afromarché électoral. Heuristique des ambivalences des pratiques électorales en République Démocratique du Congo,* 2020
Samba DIOP, *La diaspora africaine en Norvège. Immigration et intégration en Europe*, 2020
Abel Renaud EBA, *L'Afrique, l'ultime réserve pétrolière du monde face à la transition énergétique. Un zoom sur les matières premières minérales énergétiques et le développement de l'Afrique*, 2020.
Fabrice MODOMPTE DEG-TIGUEY, *Le contentieux des contrats miniers et pétroliers en République centrafricaine,* 2020

Sous la direction de

Yaovi AKAKPO

Aménagement du territoire et sentiers d'économie en Afrique : fonction du bricolage technologique

Innovations sociales en Afrique

L'Harmattan

Du même auteur

Le technocolonialisme, Paris, 2019, L'Harmattan.
Science et reconnaissance, Paris, 2016, Présence Africaine.
La recherche en philosophie, Paris, 2012, L'Harmattan.
L'horizon des sciences en Afrique, Bern, 2009, Peter Lang.

5-7, rue de l'École-Polytechnique 75005 Paris

http://www.librairieharmattan.com

ISBN : 978-2-343-22224-0
EAN : 9782343222240

Le bricolage technologique en Afrique : fonction sociale et enjeux historiques

Yaovi AKAKPO
Université de Lomé

S'exercer au bricolage technique doit logiquement, partout et en tout temps, se comprendre relativement à la réalité du travail professionnel de fabrication/production des outils, des biens, des procédures et des ouvrages. Si l'on considère les métiers techniques (forge, tissage, menuiserie, sculpture, art, etc.), dans les sociétés traditionnelles africaines par exemple, le bricolage technique est, sans doute, l'œuvre de l'amateur ou de l'apprenti. Si la société considère et reconnaît que l'amateur ou l'apprenti bricole, c'est parce que ni l'un, ni l'autre ne fait preuve de compétences requises pour l'exercice professionnel du métier technique qu'il improvise ou apprend. On peut comprendre pourquoi, dans les sociétés traditionnelles, où les métiers techniques n'étaient pas dans la rationalité qui est celle de la technologie moderne, la conscience de la différence entre le bricolage technique et l'exercice professionnel du métier technique était, toutefois, justifiée par la différenciation des compétences techniques. L'exercice d'un métier technique, dans les traditions claniques africaines, était nécessairement une tâche collective. Mais le métier technique était également, dans les communautés claniques africaines, une tâche où les compétences des acteurs/actrices, notamment celles du maître et de l'apprenti, du maître et du bricoleur, de l'apprenti et du manœuvre (aide), étaient bien distinguées. Les termes dans lesquels étaient distingués le bricolage technique et le métier technique, dans les traditions, sont encore d'actualité dans la rationalité technologique moderne.

Il en est ainsi parce que c'est justement la différenciation des compétences techniques qui permet, dans la rationalité des sociétés modernes, de comprendre la différence entre la notion de bricolage technologique et celle de technologie. Mais, il faut le souligner, dans l'horizon de la rationalité technologique, rationalité à partir de laquelle se comprend les économies libérales et leur expansion colonisatrice et dominatrice, le bricolage technologique est, tout à la fois, la technique du *débrouillard à la recherche des moyens minima de survie* et la technique de l'artisan. L'expansion colonisatrice et dominatrice des économies libérales met en honneur, dans toutes les sociétés, le métier du technicien et de l'ingénieur (formés dans les instituts/écoles et universités). Malgré le sous-développement des économies africaines, elles sont concernées, désormais et incontestablement, par la marque libérale qu'est la fonction principale du métier du technicien et de l'ingénieur. En tenant compte de cette marque de la rationalité libérale et de son effet bouleversant sur le développement effréné des métiers urbains et ruraux en Afrique, l'on doit, d'un point de vue épistémologique, ranger dans l'extension de la notion de bricolage technologique, l'ingéniosité technique remarquable aussi bien dans les métiers de débrouillard (portage, enlèvement d'ordures ménagères) que dans les professions des hommes ou femmes de métiers (issus des ateliers d'apprentissage). Il s'agit de l'ingéniosité dont font preuve ces catégories sociales, à la recherche de moyens minima de survie, en innovant, i.e. en improvisant des solutions nouvelles. Le devoir d'innover, de trouver des solutions nouvelles devient alors un moyen de survie. Ces solutions nouvelles, en Afrique, sont l'invention de nouveaux métiers de débrouillard (métier de taxi-moto, métier de *poubelliste*-terme par lequel on désigne à Lomé le ramasseur d'ordures ménagères-, métier de petits commerçants ambulants, etc.), de modèles de finance, de techniques culturales. L'on doit entendre très précisément, alors, dans les Afriques modernes, par bricolage technologique (à distinguer de la technologie du technicien ou de l'ingénieur des écoles/universités), d'une part, l'ingéniosité technique des débrouillards professionnels et des artisans dans les tâches techniques (fabrication, installation, réparation, adaptation de procédures) ; d'autre part, l'ingéniosité à l'œuvre dans les *technologies sociales*, informelles et innovantes (finances, services et activités économiques, communications, modes de transport, formes de solidarité).

Une des choses particulièrement remarquables, dans les modernités africaines, et qui mérite d'être questionnée, c'est alors la place et la fonction du bricolage technologique dans les métiers, l'économie et les finances, la communication, le transport et l'aménagement du territoire, etc. La place fonctionnelle du bricolage technologique, dans les sociétés africaines modernes, peut-être, en un sens, considérée comme une certaine marque de sous-développement. Car il est notamment la réponse principale et massive des immenses secteurs de métiers et des catégories sociales qui comptent dans les économies nationales, sans pour autant bénéficier de l'attention des pouvoirs publics. Par exemple, au Togo, la technologie de l'araignée (l'expression, dans les milieux urbains et ruraux, désigne l'extension artisanale et frauduleux du réseau électrique, dans les zones non couvertes par le réseau la *Compagnie d'énergie électrique du Togo*) et la technologie du forage d'eau ont une place massive dans l'aménagement des villages et des périphéries des villes. Il importe de bien noter que ces technologies de bricoleur ont cette fonction sociale massive, parce que les zones rurales ou périphériques, habitées par des catégories sociales employées dans tous les secteurs économiques nationaux, ne sont pas couvertes par les services de fourniture d'électricité ou d'eau. De même, le bricolage technologique, très dominant dans les techniques culturales (réhabilitation des sols, engrais verts), les méthodes d'élevage, ou des formules de finance (tontine, prêt usurier), se justifie largement de l'absence de subvention publique. Ce qui doit être questionné, au travers de l'analyse critique de la place réservée au bricolage technologique, dans les sociétés contemporaines africaines, c'est ce paradoxe, indicateur de sous-développement, qu'est l'absence des pouvoirs publics dans ce sentier ou chantier d'avenir, pourtant capital pour les économies nationales et le développement social. Il peut être exploré l'hypothèse que le bricolage technologique, dans les modernités africaines, n'est pas moins un sentier d'avenir. Relativement à l'horizon des modernités africaines, il importe alors de voir, au-delà de l'accompagnement public marginal des nombreux métiers des amateurs et des artisans, les enjeux historiques du bricolage technologique.

Dans le sens de cette hypothèse, on peut projeter, au moins, deux pistes d'analyse et de prospection des modernités africaines. La première, me semble-t-il, doit être nécessairement l'organisation sociale de l'innovation, le véritable nom d'une politique de l'innovation. À voir sa place massive dans les modernités, le bricolage technologique met en perspective un impressionnant chantier d'innovation et de production de savoir-faire en Afrique.

Mais, il est observable que les savoir-faire des opérateurs économiques locaux que sont les artisans, en Afrique, sont rudement éprouvés, mis en difficulté par les technologies de pointes des économies libérales. Je pense que la solution des sociétés en développement à une telle épreuve, c'est objectivement leur inscription résolue dans la rationalité de l'innovation (Y. Akakpo, 2016). Dans les pays en développement, la position dominatrice des biens et services des économies libérales, étouffe l'économie des artisans et des débrouillards de génie. La capacité des économies d'artisan à résister et à tenir est à rechercher logiquement dans la politique de développement. Un aspect d'une telle politique c'est l'organisation sociale de l'innovation, avec un accent à mettre sur la relation entre artisan, débrouillard de génie et ingénieur/chercheur. Pour survivre dans la rationalité des économies libérales, l'ingéniosité technologique dont font preuve les débrouillards de génie et les artisans, dans les villes et les villages africains, a besoin de la lumière de l'ingénieur. Elle doit réciproquement constituer une source d'inspiration pour l'ingénieur. Le bricolage technologique offre à l'ingénieur et au scientifique un bon départ pour l'innovation technologique et le transfert des technologies. Il s'agit là d'un aspect important de ce que peut être, pour les Afriques en accélération, la politique de la recherche et de l'innovation.

La deuxième perspective d'analyse et de prospection, enjeu historique de la première dont on vient de parler, concerne en particulier l'alternative que pourrait être l'économie informelle dans les agendas de modernité en Afrique. L'économie informelle, dans les modernités africaines, est loin d'être un tigre de papier. Sa consistance historique vient, d'une part, de ce qu'elle est générée, continue de se forger et de résister à la pression, de la rationalité colonisatrice et prédatrice des économies libérales. Sa consistance historique, d'autre part, se justifie de ce que, dans un contexte de sous-développement, caractérisé par la pauvreté et la précarité, elle est le lieu où se forgent bien d'opérateurs économiques nationaux. L'informel, dans les Afriques modernes, est plus qu'une alternative ; elle est une nécessité historique. En effet, réponse, encore caricaturale certes, à la rationalité des économies libérales, une rationalité non seulement arrogante, mais surtout prédatrice des économies alternatives, le bricolage technologique apparaît, de plus en plus, comme une des « lignes de résistances » (une expression de

Fabien Eboussi Boulaga, 1999). Malgré la concurrence inéquitable et inégale que les économies puissantes leur livrent, et malgré la prédation fiscale à laquelle les politiques publiques les soumettent, l'économie et la finance informelle, ainsi que les services informels n'arrêtent pas de renaître et de prospérer. Il est vrai que le secteur informel résiste en Afrique, parce qu'il est surtout le point de chute des chômeurs et des appauvris qui l'inondent, parce que l'économie formelle et les pouvoirs publics manquent de souffle. Mais ce secteur n'arrête pas d'attester sa place historique et sa capacité à produire la richesse, à employer, et à compter dans les économies nationales. On peut retenir que le secteur informel africain continue, malgré les épreuves de la concurrence injuste et de la prédation fiscale, à montrer qu'il est une des alternatives. Il me semble que les artisans et les débrouillards de génie à la recherche des moyens minima de survie incarnent, pour l'avenir africain, l'alternative d'une économie libérale, mais sociale, solidaire et écologique.

C'est globalement dans le sens de ces deux perspectives d'analyse et de prospection des modernités africaines que les chapitres de cet ouvrage ont abordé des problématiques spécifiques, relatives à l'expansion du secteur informel. Ont été alors explorés des problématiques spécifiques, relatives à l'artisanat, l'aménagement du territoire, le transport, l'agriculture, la démographie, l'environnement et l'économie informelle.

Références bibliographiques

AKAKPO Yaovi, 2016, *Science et reconnaissance*, Paris, Présence Africaine.

EBOUSSI BOULAGA Fabien, 1999, *Lignes de résistance*, Yaoundé, Clé.

CHAPITRE 1

Sociohistoire des associations artisanes dans les arrondissements de Godomey et d'Abomey-Calavi au Bénin

Clément Chabi WOROU, Antoinette GBOKLI
Université d'Abomey-Calavi

Résumé : Au Bénin, les associations professionnelles se sont considérablement multipliées à partir des années 2000. Le présent article analyse le regroupement associatif artisan à l'échelle de deux arrondissements de la commune d'Abomey-Calavi. L'objectif est de comprendre les déterminants sociohistoriques de l'avènement des associations artisanes dans cette localité. De nature mixte, la démarche utilisée combine l'exploitation des données quantitatives et qualitatives recueillies auprès de 197 informateurs. Le choix raisonné, la boule de neige et l'échantillonnage par grappes sont les principales techniques utilisées. Ces informateurs sont approchés au moyen du questionnaire, du guide d'entretien et de la grille d'observation. Les résultats révèlent l'avènement des associations dans un contexte de changements et de réponses sociales. Dans leur processus de regroupement, certaines associations ont émergé autour des pratiques de solidarité communautaire. Les résultats révèlent également le rôle déterminant de l'Etat dont les réformes l'accès aux aides publiques allouées au secteur contraignent les artisans à recourir à diverses stratégies pour s'adapter. En conséquence, la trame d'innovation sociale de ces recherches se situe non seulement dans la capacité d'adaptation des acteurs aux mutations de leur profession, mais également dans la continuité et la rupture de ce regroupement local avec l'histoire nationale du mouvement artisan.

Mots clés : Association artisane ; sociohistoire ; stratégies d'acteurs ; changements et réponses ; Godomey et Abomey-Calavi.

Abstract: In Benin Republic, professional associations have multiplied considerably since the 2000s. This article analyzes the association's movement in the artisanal sector at the scale of two districts in Abomey-Calavi commune. The objective is to understand the sociohistoric determinants of the advent of artisan associations in these two districts. Mixed in nature, our approach combines the use of both quantitative and qualitative data collected from 197 informants. Reasoned choice, snowballing and cluster sampling are the main techniques used. These informants are approached using the questionnaire, the interview guide and the observation gird.The results reveal the advent of artisan associations in a context of social change and response. In this process of regrouping, certain associations have emerged around community solidarity practices in response to social security issues. The results also reveal the decisive role of the State, whose reforms and the access to public aid allocated to the sector force artisans to use various strategies to adapt. Consequently, the web of social innovation of this research lies not only in the ability of actors to adapt to changes in their profession, but also in the continuity and rupture of this local regrouping with the national history of the artisan movement.

Keywords: Artisan association; sociohistory; actors'strategies; changes and responses; Godomey and Abomey-Calavi.

Introduction

Si les premiers regroupements artisans au Bénin remontent aux années 1950, l'essor actuel du mouvement associatif dans le secteur doit être situé après les années 2000. En effet, selon C. C. Davodoun (2003, p.127), les statistiques sur les associations d'artisans publiées par le Réseau d'Information, de Conseil et d'Administration (RICA) révèlent que le Bénin comptait au début des années 2000, seulement 125 associations d'artisans répartis dans 10 corps de métiers avec une taille moyenne de 86 membres par association professionnelle. Ces chiffres nationaux des années 2000, sont de nos jours inférieurs à ceux qu'on peut relever à l'échelle d'une commune voire d'un arrondissement. En effet, sur le seul territoire de la commune d'Abomey-Calavi qui compte au total neuf (09) arrondissements, il a été dénombré à la faveur de recherches menées courant août-octobre 2018 dans le cadre de notre thèse, 136 associations artisanes dont 50 à l'échelle des deux arrondissements de Godomey et d'Abomey-Calavi. Mieux, en dehors des professions classiques habituées au regroupement (textile, coiffure, photographie), on note que d'autres corps de métiers, y compris les nouveaux métiers émergents dans le secteur (Techniciens de GSM par exemple) prennent goût au regroupement associatif. Si historiquement, les regroupements professionnels en milieu artisan du Bénin étaient concentrés dans les départements du Nord et du Centre, et qu'en revanche, ceux de l'Atlantique et du Littoral, de l'Ouémé et du Plateau au sud en comptaient très peu (C. C. Davodoun, op. cit.), l'on peut s'interroger aujourd'hui sur les facteurs qui ont pu déterminer l'essor du mouvement associatif de ces dernières années en milieu artisan à Godomey et à Abomey-Calavi au sud du Bénin. Autrement dit, existe-t-il des facteurs explicatifs à la dynamique associative actuelle au niveau de ces deux arrondissements qui, pris ensemble, abritent un nombre d'associations très concurrentiels des chiffres nationaux d'il y a deux décennies en arrière ? Si de toute évidence, plusieurs facteurs peuvent expliquer ce développement associatif artisan, les plus déterminants restent peu documentés.

Par ailleurs, la gouvernance du secteur artisanal et de ses associations fait l'objet de diverses critiques tant à l'interne qu'au plan externe. En effet, au sein du secteur des voix s'élèvent de plus en plus pour dénoncer l'existence d'associations fictives, la manipulation des chiffres par certains responsables en ce qui concerne le nombre d'associations ou les effectifs par association et bien d'autres pratiques analogues dans le but de capter les aides et subventions publiques. Dès lors, il y a lieu pour les sciences sociales de chercher à comprendre les mécanismes stratégiques de telles manipulations en milieu artisan.

Ces manipulations de chiffres parfois motivées par les enjeux électoraux combinées aux critiques qui émergent de plus en plus du secteur, nous ont poussé à entreprendre des recherches afin d'apporter notre contribution au débat sur la question. La sociohistoire permettant de retracer les parcours historiques et les contextes sociaux de mise en place de ces organisations, est le chemin par lequel nous comptons intégrer le débat grâce à une monographie réalisée à l'échelle de deux arrondissements principaux de la commune d'Abomey-Calavi, deuxième commune la plus peuplée du Bénin (INSAE et ICF, 2013). En effet, la sociohistoire a cette particularité de combiner les principes fondateurs de l'histoire sociale et de la sociologie historique, tels qu'ils ont été fixés au tournant des XIXème et XXème siècles (G. Noiriel, 2008). Nos recherches postulent alors l'hypothèse selon laquelle il existe différents facteurs qui justifient l'essor associatif et la manipulation des chiffres par les acteurs en milieu artisan à Godomey et à Abomey-Calavi au sud du Bénin. Pour vérifier cette hypothèse, il convient d'explorer l'histoire de ces organisations artisanes en interrogeant les contextes sociaux de leur avènement dans cette zone de recherche, leur mode de fonctionnement, la dynamique de leur distribution spatiale, les interactions et jeux d'acteurs autour de leur mise en place. Car, comme l'a si bien souligné G. Noiriel (op. cit., p.3), le sociohistorien a l'ambition et la vocation de mettre en lumière l'historicité du monde dans lequel nous vivons, pour mieux comprendre comment le passé pèse sur le présent.

Pour ce faire, les résultats de nos investigations sont structurés autour de trois grands points : d'abord un panorama des associations d'artisans présentes dans la zone de recherche, ensuite l'histoire de ces associations vue dans une perspective de changements et de réponses et enfin la lecture du regroupement artisan comme produit des interactions et des stratégies d'acteurs. Mais avant d'y arriver, il convient de présenter l'approche méthodologique qui a guidé les résultats obtenus.

1. Méthodologie

Pour faciliter la compréhension de nos propos, il importe de situer les lecteurs en leur précisant le cadre théorique et physique des présentes recherches ainsi que les méthodes et le matériel qui ont servi à la collecte des données.

1.1. Cadre théorique et physique de recherche

Le développement comme processus doit être pensé dans une interaction entre l'Etat et les acteurs non étatiques de plus en plus nombreux et souvent organisés en réseaux d'acteurs. C'est pourquoi, nous inscrivons volontiers cette réflexion dans le paradigme interactionniste. Dans cette perspective, le modèle d'analyse combine trois théories. Il s'agit de la théorie du changement social de G. Rocher (1968), la théorie de l'analyse stratégique de M. Crozier et E. Friedberg (1977) couplée avec la théorie du changement et de la réponse de D. Kingsley (1963). Ces différentes perspectives théoriques sont intégrées dans une double démarche historique et sociologique (interactionniste). Elles offrent ainsi au sociohistorien dont nous prenons ici le rôle, l'ancrage théorique et les outils conceptuels nécessaires à l'analyse.

En ce qui concerne le cadre physique de ces recherches, il se situe dans la partie sud du Bénin, précisément dans la commune d'Abomey-Calavi, département de l'Atlantique. Limité par le temps et les ressources, les présentes recherches se sont déroulées dans les deux plus gros arrondissements de ladite commune à savoir : Godomey et Abomey-Calavi. Ces deux arrondissements mitoyens pris ensemble, constituent la partie la plus peuplée du département de l'Atlantique et de la commune d'Abomey-Calavi dont ils occupent plus de 20 % de l'espace communal. Au plan du découpage administratif[1], cette zone de recherche concentre quinze (15) villages et quartiers de ville sur l'ensemble des soixante-dix (70) que compte toute la commune avec une population de 371086 habitants sur un total communal de 656 358 habitants, soit 56,54% de l'ensemble de la population communale (INSAE-RGPH4, 2013). La structure démographique de cette population présente 183647 hommes contre 187439 femmes. En matière d'infrastructures socio-communautaires, cet espace se retrouve dans la zone sanitaire : Calavi-Sô-Ava-Zê, avec des centres de santé, des dispensaires et plusieurs maternités. L'accès à l'eau potable semble poser encore d'énormes difficultés aux populations. Un peu plus de la moitié des ménages (54,2%) ont accès à l'eau potable selon le RGPH4 (INSAE-RGPH4, 2013).

[1] La commune d'Abomey Calavi compte neuf (09) arrondissements que sont : Abomey-Calavi, Godomey, Akassato, Zinvié, Ouèdo, Togba, Hêvié, Kpanroun et Golo-Djigbé. La présente recherche s'est déroulée dans les deux premiers et plus gros arrondissements de cette commune.

1.2. Matériel et méthodes

Les présentes recherches s'inscrivent dans une approche mixte. Pour documenter l'histoire des regroupements artisans, la technique du choix raisonné et la méthode de l'itinéraire sont utilisées comme techniques d'échantillonnage pour le volet qualitatif. Au niveau quantitatif, nous avons eu recours à l'échantillonnage stratifié (trois strates : arrondissement-association et individu au sein de l'association). En effet, à partir d'une liste de référence obtenue auprès des responsables du Collectif des artisans de la commune d'Abomey-Calavi, nous sommes entrés en contact avec les responsables desdites associations dans les différents corps de métier. Mais une fois sur le terrain, nous nous sommes aperçu des limites de cette liste « officielle » soit en raison de sa non-actualisation, soit à cause de la dynamique qui caractérise le milieu artisan et du rythme de création de nouvelles associations. Prenant en compte ce dynamisme social, il a été recouru à la technique de l'itinéraire afin de ratisser large dans nos enquêtes.

Grâce à la technique du choix raisonné, des entretiens structurés et semi-structurés (R. Mucchielli, 1993) sont menés avec les premiers responsables de chaque association retenue, certains membres d'association et des personnes ressources. Des séances d'observation directe ont été également faites sur les lieux de réunion des associations à partir d'une grille d'observation. Il nous est arrivé au cours de ces séances d'observation, d'utiliser par moments la méthode de l'enregistrement audio et video. Cette dernière méthode a l'avantage de permettre au chercheur de saisir certaines interactions assez discrètes et des comportements cachés d'acteurs, bref des détails enrichissants pour nos analyses qu'une simple observation n'aurait pas permis de voir (B. E. Gobson, 2008, p. 945).

Au total, 197 acteurs sont approchés, par entretiens individuels, de groupes (focus group) et au moyen du questionnaire. De même, 05 séquences d'observation directe et 03 enregistrements vidéo sont réalisés. Précisons que pour la collecte des données quantitatives, nous avons utilisé deux types de questionnaires : un questionnaire cartographique focalisé sur l'association et un questionnaire « patrons artisans » focalisé sur les acteurs à l'échelle individuelle. Pour éviter les biais du questionnaire papier et réduire les charges financières non négligeables liées à la saisie et à la reprographie, nous avons opté pour le questionnaire numérique grâce au logiciel ODK installé sur une tablette. De même, deux guides d'entretien et une grille d'observation des interactions au cours des réunions de ces associations ont été utilisés. Les données d'entretien sont sauvegardées grâce à un appareil enregistreur. En effet, les entretiens constituent de précieuses sources orales au contenu très riche dont plusieurs auteurs, notamment B. E. Gibson (op. cit.) et H. Lomax, & N. Casey, (1998), ont démontré l'importance en sciences sociales par opposition aux techniques traditionnelles d'écriture. Quant aux coordonnées géographiques, elles sont prises avec le GPSmap, de marque Garmin 62S doté d'un bon niveau de précision. Un téléphone Androïde a servi à la prise des photos. Le traitement des données recueillies s'est fait de manière manuelle et informatique. Au premier abord, il est procédé au tri et au classement des données par sources et par type d'acteur interrogé. S'agissant du traitement informatique, le logiciel de cartographie ArcGis 10.1 a été utilisé pour traiter les données géographiques et la réalisation des différentes cartes. Le logiciel WORD 2007 a servi à la transcription des entretiens ; EXCEL 2007 et SPSS 17.1 sont utilisés pour le traitement des données issues des questionnaires, la production des différents tableaux, statistiques et graphiques. Les données sont analysées grâce aux techniques de la triangulation des sources (écrites et orales), la méthode d'analyse du contenu des images et l'analyse du contenu des discours pour générer du sens et nourrir la rédaction. Au terme de ce processus, les résultats se présentent ainsi qu'il suit.

2. Résultats

Avant de présenter l'historique des associations d'artisans dans la zone de recherche, il convient de s'intéresser au paysage associatif de la localité et à sa configuration.

2.1. Panorama cartographique des associations artisanes à Godomey et à Abomey-Calavi

Le paysage associatif artisan dans les arrondissements de Godomey et d'Abomey-Calavi au moment de nos recherches présente une dynamique associative aussi bien dans les professions classiques habituées au regroupement (textile, coiffure) que dans les nouveaux métiers (Techniciens de GSM par exemple). A la faveur de l'enquête cartographique menée, il a été identifié et dénombré cinquante (50) associations appartenant à cinq branches d'activités artisanales en référence à la nomenclature du code communautaire de l'artisanat de l'Union Economique et Monétaire Ouest Africaine (UEMOA) de 2014. Le graphique suivant présente leur répartition et poids dans le paysage associatif de la zone d'investigation.

Figure 1 : Répartition du poids des associations par branche d'activité

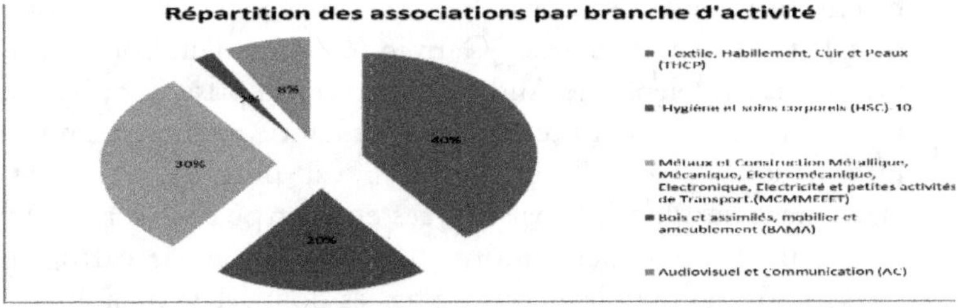

Source : Donnée de terrain, décembre 2018

Ce graphique révèle la prédominance des associations appartenant à ces trois branches d'activité que sont le textile-habillement-cuir-peaux, les métaux-construction métallique et l'hygiène-soins corporels. Ces trois branches d'activité cumulent à elles seules 9/10, soit 45 sur les 50 associations répertoriées au sein des deux arrondissements au cours de nos recherches.

L'analyse de la distribution spatiale de ce regroupement associatif montre une agglutination de la plupart des organisations professionnelles identifiées autour des deux mégapoles de la commune à savoir les villes de Godomey et d'Abomey-Calavi. Cette dynamique spatiale peut être appréciée à travers la cartographie ci-dessous.

Figure 2 : Distribution spatiale des associations à Godomey et à Abomey-Calavi.

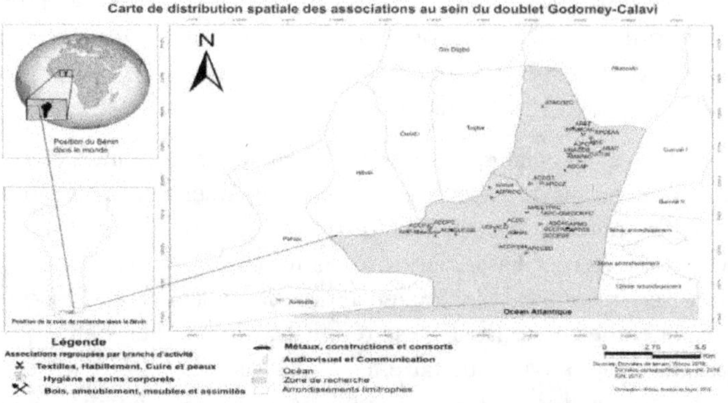

Source : Carte Worou, données de terrain, 2019

Au-delà de cette dynamique spatiale, il ressort de nos investigations que l'histoire du mouvement artisan dans cette zone de recherche s'est tissée dans le temps, au gré des changements intervenus et des réponses des acteurs du secteur.

2.2. Le regroupement artisan à Godomey et Abomey-Calavi : une histoire de changements et de réponses sociales

Les changements majeurs qui ont favorisé le regroupement associatif en milieu artisan au Bénin sont à la fois d'ordre professionnel, politique, social voire économique.

2.2.1. Les changements d'ordre professionnel et économique

La situation inédite à laquelle ont dû faire face certains corps de métier artisanaux autour des années 1950, est l'arrivée sur leur marché de jeunes amateurs qui galvaudent leurs prestations, dévaluant ainsi un certain nombre de métiers et mettant à mal la rentabilité de la profession qui du coup, a du mal à nourrir son homme. C'est le cas au niveau des métiers comme la photographie, la coiffure et la couture dans les années 1950. Dans plusieurs pays de l'Afrique noire francophone, pour certains corps de métiers, le colonisateur, en ces périodes d'épilogue de la colonisation, a contribué à organiser les corporations. Qu'en est-il du Bénin ?

Pendant que pour les uns, le souci majeur était de mettre fin à l'anarchie des prix et de protéger la rentabilité de leur métier, pour d'autres corps de métiers, le besoin d'assainissement à travers la lutte contre les faux diplômes et les « sans diplômes » constituait l'enjeu fondamental du regroupement associatif. C'est ce qui ressort des propos de cet informateur :

« Notre association est créée à cause de certaines difficultés rencontrées sur le terrain pour pouvoir aider notre corporation. C'est en raison de certaines difficultés et souffrances que nous avions eu à créer l'association dans le temps. Nous savons que si nous restons ensemble, car ensemble-là on est fort… Si on veut faire quelque chose-là, si on se réunit-là, ça doit aller, parce que moi seul je ne peux pas tout faire. (…) C'est sur la base de ça qu'on a créé l'association. Et deuxième chose, on va encore régler le problème des non-diplômés ;(…) Comment il faut gérer les clients ou comment il faut gérer les apprentis, comment il faut bien travailler, les mesures de sécurité, en tout cas bien gérer son entreprise, c'est ces gens qui ne savent pas, mais une fois rentrés dans l'association, ils savent beaucoup de chose. C'est à base de ça qu'on a créé l'association » (Homme, 45 ans, Président d'association de mécaniciens 2 roues.)

A ces défis professionnels, se sont ajoutés des facteurs économiques liés à la crise qu'a connue le pays au tournant des années 1990. Cette crise économique généralisée s'est traduite dans le secteur artisanal par la baisse de la demande des produits et services artisanaux et une dépréciation drastique des produits et prestations offertes. Comme dans le cas camerounais, l'essor du mouvement associatif dans les campagnes s'inscrit dans un contexte de crise économique et de désengagement de l'État (Y. Guillermou et A. Kamga, 2004). Ce même contexte de crise économique a contribué à l'arrivée dans le secteur d'amateurs en quête de pitance qui, vaille que vaille, se sont lancés dans différents métiers, faisant ainsi de leur métier et du secteur artisanal un exutoire face à l'enjeu de la survie.

L'absence d'une grille tarifaire ne facilitait pas non plus à l'artisan la gestion des « clients difficiles » qui d'habitude, tirent trop souvent sur la ficelle des prix en cherchant à payer moins que ce qui leur est demandé.

Ces deux situations cumulées ont fait naître le besoin d'instaurer une discipline des prix par l'établissement d'une grille tarifaire dans certains corps de métiers. Une telle grille est appelée à réglementer non seulement les maîtres artisans eux-mêmes mais également leurs clients, notamment les « clients difficiles ». Pour donner force de loi et pleine autorité à cette grille tarifaire, le sceau de l'association constitue bien souvent une empreinte indispensable (E. Goffman, 1975) ; d'où l'importance d'en faire une décision et une émanation associatives. Cette nouvelle situation faite de crise économique et de concurrence déloyale entre pairs a suscité une forme de solidarité chez les acteurs et l'émergence d'une conscience corporatiste ; à travers la mise en association de certains artisans. C'est ce que confirme C. C. Davodoun, (2006, p.30) : « Somme toute, le recours à la concertation, aux échanges et au regroupement en association, s'explique au niveau des photographes, des habilleurs et des coiffeurs par la nécessité de se mobiliser et de rechercher une solution à l'anarchie des prix et à la baisse des revenus ». On peut avancer sans risque de se tromper que la crise économique et son corollaire de mise à mal des ressources issues de l'activité professionnelle ont directement ou indirectement conduit à l'émergence d'une conscience corporatiste chez les artisans béninois. Cette conscience s'est traduite dans la plupart des corps de métiers par le regroupement associatif, comme une sorte de réponse sociale au changement (D. Kingsley, 1963). Cela renforce l'idée d'une solidarité dans les situations difficiles où l'acteur perçoit ses propres limites et cherche stratégiquement à les surpasser en s'unissant à d'autres et en construisant du lien social. Au-delà de la crise économique, les facteurs politiques ont également influencé la mise en association des artisans.

2.2.2. Les changements d'ordre politique et social

Un autre déterminant historique dans l'avènement de ces associations, c'est la conférence nationale de février 1990, événement politique majeur qui a consacré les libertés fondamentales dont la liberté d'association au Bénin (C. C. Davodoun, 2006, p.38). Au lendemain de cette grande rencontre politique, le pays tout entier est marqué par un élan et un essor associatif sans précédent dans plusieurs secteurs d'activité. Ces regroupements associatifs sont d'ailleurs encouragés par les gouvernements successifs car ils facilitent la mise en œuvre des directives politiques retenues dans les différents secteurs à travers une meilleure circulation de l'information et une facile gouvernance du système.

« Les artisans n'étant pas organisés, la Direction de l'Artisanat peinait à faire passer l'information et à consulter les artisans. Pour remédier à ce vide organisationnel préjudiciable au développement de l'artisanat, cette direction a organisé une vaste tournée nationale de sensibilisation des artisanes et artisans à s'organiser et à se mettre en association. » (C. C. Davodoun, 2006, p.30)

Ce côté positif du regroupement associatif est également souligné par V. Angeon et S. Laurol (2006) quand ils parlent d'externalités positives en analysant dans un article la contribution des pratiques de sociabilités et de solidarités locales aux enjeux de développement territorial.

2.3. Le regroupement artisan à Godomey et à Abomey-Calavi : continuité et rupture

L'histoire du mouvement artisan dans ces deux arrondissements révèle des signes de pérennité mais aussi de transformation avec les traits caractéristiques du mouvement associatif artisan au plan national. Historiquement, les premiers regroupements d'artisans au Bénin ont eu lieu à partir des années 1950 et ont concerné trois principaux corps de métiers : les photographes, les habilleurs et les coiffeurs (euses) (C. C. Davodoun, 2003, p. 85). Depuis lors, les corps de métier habitués à se regrouper dans les différentes parties du pays appartiennent à ces trois branches d'activité (photographie, textile et coiffure). Les acteurs de ces métiers ont développé et transmis à leurs apprentis, à travers les générations, une certaine culture associative qui semble aller de pair avec les valeurs cardinales de leur profession. Cela se traduit, évidemment, par une sorte de dynamisme associatif chez les professionnels de ces trois branches d'activités artisanales. C'est l'une des raisons pour lesquelles, d'habitude, ces artisans (photographes, couturiers, coiffeurs) passent pour les premiers animateurs du regroupement associatif en milieu artisan et les premiers interlocuteurs de leur secteur auprès des autorités étatiques. Ils occupent les premiers postes de responsabilité au sein des structures faîtières et représentatives du monde artisan. A Godomey et à Abomey-Calavi, cette règle est respectée : le premier responsable du collectif des artisans de la commune est un maitre couturier, son adjoint, est du métier de la coiffure. Selon les informations reçues, la succession au niveau de cette instance communale fait même l'objet d'une négociation entre ces deux branches d'activité de sorte que d'un mandat à l'autre, la gouvernance reste une chasse gardée de ce duo. C'est une réalité constante et largement partagée sur le territoire national.

En revanche, on note une remise en cause et une discontinuité de cet ordre historiquement établi en matière de configuration et de dynamisme associatif au niveau des photographes de cette localité. Contrairement à leur passé associatif, ils sont plutôt en recul et en perte de dynamisme. On n'exagèrerait pas à leur sujet en affirmant que les premiers d'hier sont devenus les derniers d'aujourd'hui. Si l'histoire nationale retient que les photographes sont les premiers à se regrouper en 1950 d'abord à Cotonou et ensuite dans le reste du pays, en 2018, ils sont en recul au plan associatif à Godomey et à Abomey-Calavi. Dans ces deux localités, les mécaniciens et soudeurs leur ont ravi la vedette associative. Dans un classement établi à la suite de nos enquêtes à partir de la perception des artisans eux-mêmes, les associations de photographes arrivent en 6ème position, derrière celles des couturiers/ères, des coiffeurs/euses, des mécaniciens deux roues, des soudeurs et des techniciens en GSM. De nouveaux corps tels que les professionnels du bois et assimilés, les transporteurs deux roues et quatre roues et les mécaniciens deux roues s'ajoutent aux habilleurs et aux coiffeurs/ses pour ravir aux photographes la vedette associative. En analysant l'ancienneté du mouvement associatif dans chaque corporation à partir de l'âge de chaque association, on s'aperçoit qu'à l'échelle des deux arrondissements, les trois corps de métiers ayant les plus vieilles associations sont les transporteurs quatre roues (1972), suivis des professionnels du bois et assimilés (1984), des habilleurs (1988) et des coiffeurs/ses (1998).

Sur un autre plan, si d'hier à aujourd'hui, il y a permanence dans le mouvement artisan en ce qui concerne le rôle catalyseur et l'accompagnement de l'Etat ainsi que la forme juridique des associations professionnelles enregistrées suivant la loi de juillet 1901, on note toutefois des signes de transformation ou d'évolution par ailleurs. En référence au passé, des associations artisanes naissent de plus en plus sous l'impulsion non des acteurs étatiques, mais des acteurs artisans eux-mêmes, voire des non-acteurs connus sous le nom de parrains ou de bienfaiteurs et dont l'agenda politique ne fait l'objet d'aucun doute au niveau des populations. D'un autre côté, si hier la plupart des organisations artisanes naissaient avec un agenda syndical, ces associations sont aujourd'hui davantage mues par des projets de construction du lien social et professionnel.

2.3.1. Un regroupement aiguillonné par l'Etat

Les regroupements associatifs sont depuis toujours encouragés par les gouvernements successifs. Le regroupement professionnel faciliterait la mise en œuvre des politiques publiques dans les différents secteurs à travers une meilleure circulation de l'information et une facile gouvernance du système. A Godomey et à Abomey-Calavi, l'impulsion politique reste un des facteurs clés ayant contribué à l'essor du regroupement professionnel chez les artisans.

L'une des réformes majeures ayant touché le secteur de l'artisanat au Bénin, c'est la réforme du système d'apprentissage avec l'avènement des examens de fin d'apprentissage organisés par l'Etat. En effet, dès 2005, furent instaurés les examens nationaux de fin d'apprentissage dans les métiers artisanaux en remplacement de la traditionnelle cérémonie de libération ou de remise d'attestation laissée jusque-là à l'initiative de chaque patron artisan ou de sa corporation. Cette évaluation nationale est sanctionnée par deux types de certificats accessibles aux candidats selon qu'ils justifient ou non d'un parcours académique avant la formation artisanale. Il s'agit du Certificat de Qualification Professionnelle (CQP) et du Certificat de Qualification au Métier. Cette réforme du système d'évaluation des métiers par la certification étatique va jouer un rôle décisif dans l'essor du regroupement associatif chez les artisans au Bénin en général et ceux du doublet Godomey et Abomey-Calavi en particulier. On peut s'en convaincre à partir du fait que plus de 60 % des associations sont nées au cours de la décennie 2005-2015.

Au Bénin, cette période correspond à celle durant laquelle la volonté politique a été fortement marquée en faveur des regroupements associatifs dans plusieurs secteurs de la vie nationale. En effet, avec l'instauration de ces deux types de certification, bon nombre d'artisans ont perçu l'importance sinon la nécessité de rentrer dans les associations. C'est ce qui ressort du graphique ci-dessous où on peut lire un accroissement du nombre d'associations après les années 2000. Sur les 50 associations recensées dans les deux arrondissements, 38 associations soit 76% sont nées au cours de la période référencée.

Figure 3 : Répartition des associations selon leur année de création

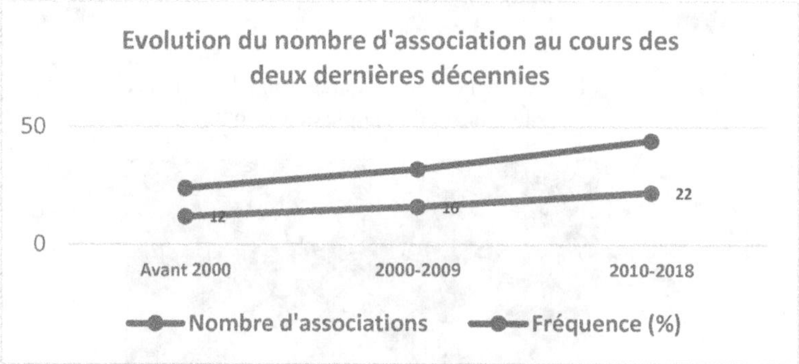

Source : Données de terrain, 2018

Pour se regrouper, les artisans sont prêts à utiliser tous les cadres sociaux disponibles dans leur environnement.

2.3.2. Quand tous les cadres sociaux sont bons pour se regrouper

Les regroupements d'artisans se font dans des endroits très variés. Si la plupart des associations se regroupent dans des lieux publics (écoles, églises, buvettes), certaines d'entre elles préfèrent se rencontrer dans des espaces plutôt privés : domiciles et ateliers. De par leurs cadres sociaux de regroupement, ces associations artisanes démontrent leur caractère d'organisations locales ou de base.

Ces images ci-dessous illustrent bien cette réalité de l'hétérogénéité des espaces sociaux de regroupement des associations d'artisans dans les arrondissements de Godomey et d'Abomey-Calavi.

Photo 1 : Réunion d'une association de Coiffeurs/ses au domicile de leur présidente à Cocotomey

Photo 2 : Réunion d'une association de Couturiers/ères dans l'enceinte d'une église à Atropocodji

Photo 3 : Une association de soudeurs réunis à la maison du peuple de Godomey

Source : Images Worou, septembre 2018

Le processus de mise en place ou de création même des associations en milieu artisan peut offrir à l'analyse des éléments d'éclaircissement sur les interactions et les influences possibles entre les acteurs en présence à l'occasion de ces regroupements professionnels.

2.3.3. Au-delà des enjeux professionnels, lorsque le social mobilise les acteurs…

Si les préoccupations d'ordre professionnel ont déterminé la plupart des initiatives de regroupement au sein des corps de métier artisanaux, dans certains cas, on constate que bien des associations d'artisans ont vu le jour dans la perspective de renforcer le lien social entre les membres. Le besoin de s'unir, de fraterniser et de renforcer les liens sociaux entre professionnels d'un même métier a conduit certains artisans à se regrouper. Ce besoin premier d'unité et de cohésion du corps professionnel transparaît dans les choix de dénomination de ces associations qui préfèrent des catégories dénominatives du genre : « union », « amicale », « wanyinan » qui veut dire « l'amour donne », etc. Cette vision de cohésion sociale est parfois transformée en slogan dans certaines associations. En effet, au début de chaque réunion ou à l'arrivée d'un visiteur et en signe d'accueil chaleureux à l'endroit de ce dernier, les artisans au sein de certaines associations ont coutume de dire leur slogan dans un air très enthousiaste et très enjoué.

2.3.4 ….et que la solidarité fasse naître l'association !

Dans la sociohistoire des organisations professionnelles d'artisans à Godomey-Calavi, on peut remarquer également que certaines associations ont vu le jour à l'occasion d'une action de solidarité et d'assistance exprimée à un artisan en difficulté. C'est le cas de l'Association Professionnelle des Maintenanciers en Electronique et Communication d'Abomey-Calavi (APMEC-AC). En effet, selon Jean-Marie Servet, (2010), la solidarité est avant tout un acte de réciprocité et un concept en permanente reconstruction sociale[2]. Pour autant, cette approche théorique ne fait pas l'unanimité dans la littérature sociologique. Pour Jérôme Minonzo, (2004) par exemple, le terme « solidarité » est inapproprié pour désigner l'entraide au sein de la famille, car la solidarité renvoie à un phénomène d'entraide au sein d'un groupe social plus large que le réseau des proches ou de l'ensemble de la société. C'est pourtant cet élan d'entraide mutuelle qui a été à la base de la création de certains regroupements associatifs chez les artisans des arrondissements de Godomey et d'Abomey-Calavi. De fait, d'après nos informateurs, l'idée de créer une association professionnelle est née le jour où certains acteurs de ce métier se sont réunis pour assister et soutenir celui qui deviendra plus tard leur président, à l'occasion des obsèques de son père. Au regard de leur nombre et

---

[2] Pour J.-M. Servet (2010), il est possible de trouver à travers l'histoire des sociétés, huit différentes figures ou niveaux de solidarité : 1) la solidarité interpersonnelle ou quotidienne, 2) la solidarité institutionnelle (mutuelles, micro finance) , 3) la solidarité étatique (protection sociale (forme imparfaite)) ; 4) la solidarité religieuse ou charité ; 5) la solidarité du travail (solidarité des travailleurs et interdépendances techniques des activités de production), 6) la solidarité par mutualisation des risques (systèmes d'assurances) ; 7) la solidarité locale ou territoriale (coopération décentralisée ou intercommunalité).; 8) la solidarité internationale (coopération internationale) ; etc.

de la beauté de leur mobilisation spontanée et impressionnante, ces derniers ont décidé sur les lieux des obsèques du père de leur collègue de créer leur association pour perpétuer les liens sociaux ainsi créés. Une expérience similaire a permis l'avènement de l'association des mécaniciens deux roues de l'arrondissement d'Abomey-Calavi. Tout ceci confirme et renforce la position de André Fortin (1994) qui distingue, au-delà et à la suite des catégories de Emile Durkheim (1863), trois types de solidarité en lien avec les trois catégories du mouvement associatif ou groupes : une solidarité mécanique (incarnée par les groupes de loisirs), une solidarité organique (celle des groupes politiques) et une solidarité moléculaire (celle des groupes d'entraide). La question ici est de savoir sur quel registre jouent ces associations d'artisans à travers leurs pratiques de solidarité : registre politique, de loisir ou d'entraide ? La question apparemment simple n'est pourtant pas aussi aisée à répondre. Les jeux et les stratégies déployés par les acteurs en sont peut-être un facteur de complexification non négligeable.

3. Discussion

Ces résultats empiriques gagneraient en pertinence si nous tentons de les rapprocher des travaux antérieurement réalisés par les auteurs afin d'apprécier leur comparabilité et la pertinence du cadre théorique de recherche.

3.1. L'histoire associative des artisans, une histoire de jeux et de stratégies d'acteurs

Le premier regard critique porté sur cette sociohistoire des associations artisanes fait apparaître les jeux d'acteurs et les stratégies déployées par ces derniers dans le processus de mise en place desdites associations.

3.1.1. La création d'associations : quand les acteurs jouent entre déconcentration et instrumentalisation

Le regroupement associatif ou la création d'associations professionnelles chez les artisans devrait répondre à une logique de rapprochement des organisations professionnelles des acteurs à la base comme l'a recommandé le code communautaire de l'UEMOA (cf. article 4 et suivants du code communautaire). Selon les résultats des travaux conduits par C. C. Davodoun, (2003, p.93) sur l'artisanat au Bénin, la création d'associations dans des espaces plus réduits répond à une logique de déconcentration en raison des difficultés nées de la gestion des associations de grande couverture géographique. Cet élan de déconcentration participe également de la mise en œuvre des dispositions contenues dans le code de l'UEMOA sur l'artisanat. En effet, d'après les dispositions du code communautaire de 2016, différentes structures ou "organisations professionnelles d'artisans" peuvent représenter les artisans tant au niveau local qu'à l'échelle nationale. L'organisation professionnelle d'artisans se définit comme le regroupement d'artisans en corporation (association, union, fédération confédération) de métiers, corps de métiers, branches d'activités aux niveaux local, de la collectivité territoriale, de la région ou du département et national (Art 78). Les artisans sont donc représentés au niveau local (village/quartier, arrondissement ou commune) par les associations[3]. Au Bénin, les artisans s'organisent à la base en créant des associations (échelle village/quartier ou arrondissement), lesquelles se regroupent en formant le Collectif communal des artisans à l'échelle de la commune. Au niveau du département, nous avons les unions, et au niveau national, se retrouvent les fédérations et la confédération. Le fonctionnement de ces instances représentatives est régi par les lois internes à chaque pays[4].

A côté de ce dispositif juridique et pendant que certaines associations se créent conformément aux prescriptions légales, on observe sur le terrain que d'autres naissent par simple morcellement et émiettement au sein d'un même corps de métier. Les mobiles de ces dernières associations sont à rechercher dans ce que les auteurs qualifient dans leur théorie de « stratégie d'acteurs » (M. Crozier &

---

[3] Au niveau local, « Les artisans d'un même métier ou des métiers apparentés d'une circonscription donnée peuvent se constituer en un groupement appelé association professionnelle des artisans. » (Art 75 du code UEMOA).

[4] Les organisations professionnelles des artisans sont régies dans chaque Etat membre par la loi déterminant le régime des associations. Les autorités compétentes des Etats membres en charge de la création des associations requièrent l'avis des chambres de métiers avant toute délivrance de récépissé.

E. Friedberg, 1977). Différentes stratégies sont utilisées par les acteurs artisans dans leur élan associatif.

3.1.2. Stratégies des acteurs artisans autour du regroupement associatif

Plusieurs stratégies sont utilisées par les artisans et qui leur permettent d'instrumentaliser les associations professionnelles mises en place dans les différents corps de métier. Au nombre de ces stratégies, la démultiplication ou l'émiettement associatif et la double ou la pluri appartenance associative sont les plus couramment observées.

3.1.2.1. La stratégie d'émiettement ou de démultiplication des associations

Cette stratégie est le fait de certains responsables artisans. La stratégie consiste à susciter la création de nouvelles associations dans des localités qui n'en possédaient pas ou soit à encourager la division ou scission d'une association existante au motif qu'elle est de trop grande taille. Dans ce dernier cas, les membres fondateurs de la nouvelle association sont des membres démissionnaires d'une autre association évoluant dans une même localité. C'est souvent le cas chez les professionnels de la couture et de la coiffure. Selon nos informateurs, les motivations de cette reproduction associative sont à rechercher dans le projet électoral de leurs auteurs et initiateurs. En effet, pour se faire élire à la tête des structures faîtières représentatives des artisans[5], toutes les stratégies sont bonnes, notamment la création d'association fictive, la manipulation des chiffres relatifs à la taille des associations, la multi adhésion associative pour maximiser les suffrages lors des élections professionnelles. Ces jeux calculateurs ne passent pas toujours inaperçus et sont parfois vertement critiqués et dénoncés par les autres responsables. Il s'agit-là de jeux et de stratégies pour le contrôle des postes et des ressources publiques allouées au secteur (M. Crozier et E. Friedberg, 1977). L'Etat et des organismes publics internationaux mettent parfois en place des projets d'appui au secteur artisanal. Ils allouent également des ressources financières

---

5 Il s'agit de structures telles que le Collectif communal, la chambre des métiers et les postes réservés aux artisans au sein de certaines institutions nationales comme par exemple la chambre consulaire de la Chambre de commerce et d'industrie du Bénin ou le conseil économique et social, sont autant d'institutions visées par les responsables artisans.

destinées à appuyer le fonctionnement des associations professionnelles ou des structures faîtières représentatives des artisans. L'envie de contrôler ces diverses ressources et d'accéder aux postes électifs au sein des structures de représentation des acteurs du secteur constituent autant de motivations qui poussent certains responsables à se livrer à diverses stratégies, source de clivages et de rivalités entre acteurs du même secteur artisanal. C'est ce qui ressort de ces propos tenus par un responsable d'association en pleine assemblée avec les autres artisans de sa corporation :

« Je parlais…Le Président du Collectif, en l'an 2019, il sera réélu. Celui qui nous a réunis pour nous parler est un élu consulaire, appartenant au corps des Métaux. Vous savez que pour participer à ces élections, chaque association devra désigner trois personnes comme électeurs. Maintenant, le président actuel du collectif multiplie les associations et les cartes professionnelles au profit des coiffeurs, coiffeuses, couturiers, car le moment venu, dans l'ordinateur, on vérifiera les noms des artisans par association. Donc si quelqu'un veut fournir de dossier pour avoir sa carte professionnelle, qu'il le fasse vite. C'est avec ces cartes que nous irons aux élections en 2019. Le président actuel veut s'asseoir sur les cartes de nous les gens des métaux pour que les coiffeurs, coiffeuses puissent voter pour lui l'an 2019. Si nous les gens des Métaux nous ne nous organisons pas pour obtenir massivement nos cartes, le moment venu, nous serons bloqués. C'est sa stratégie et on doit lui faire échec. » (Homme, 48 ans, président d'association, branche Métaux)

De tels jeux génèrent parfois des conflits et fragilisent la cohésion sociale qui devrait régner au sein du secteur et entre responsables artisans. A l'analyse, cette situation constitue le tendon d'Achille du projet d'interprofession en milieu artisan. En plus d'être une source potentielle de conflit interne, les stratégies et jeux électoralistes des responsables placent souvent les associations sous l'influence politique, rejoignant ainsi les travers de clientélisme dont a fait cas Q. Gausset (2005) en parlant des rapports incestueux entre la politique et les organisations communautaires de base. En effet, toute organisation ayant une large base locale fait inévitablement l'objet de pression de la part de partis politiques souhaitant les récupérer à des fins électorales. Et lorsque les dirigeants d'une organisation communautaire de base décident de jouer le jeu du clientélisme et de faire campagne pour le parti au pouvoir, cela se fait en général au détriment de cette dernière.

Si les responsables artisans ou les potentiels candidats aspirant aux postes électifs au sein de la corporation artisane sont pour la plupart du temps les auteurs des jeux d'émiettement ou de démultiplication des associations à des fins électoralistes, les autres artisans membres ordinaires des associations ne manquent pas non plus d'actions stratégiques pour des projets individuels.

3.1.2.2. La stratégie de la double ou pluri appartenance associative

Au cours de nos recherches, il nous a été donné de rencontrer et d'identifier des individus appartenant à plus d'une association professionnelle à la fois. En principe et selon les normes communautaires de l'UEMOA, un artisan doit relever d'une association professionnelle à la fois, la plus proche de son lieu de travail. Voulant profiter des avantages comparatifs liés aux règles de fonctionnement de chaque association ou en raison de projets personnels, plusieurs artisans choisissent d'adhérer à deux ou plusieurs associations à la fois. Approchés, certains justifient leur pratique par l'absence de telle ou telle forme de solidarité dans leur première association. Pour d'autres, ils se sont retrouvés dans la double appartenance associative suite à un déménagement d'une zone de résidence vers une autre et en raison de la difficulté éprouvée à se séparer des vieilles amitiés tissées de longue date au sein de leur ancienne association. Ces pratiques renforcent la position théorique des auteurs selon laquelle même dans un système social contrôlé (comme celui des associations professionnelles encadrées par des normes bien établies), tout acteur a une marge de liberté (M. Crozier et E. Friedberg, 1977). De même, il importe de retenir que face à un problème ou changement nécessitant de la part des responsables une réponse collective au niveau associatif, l'existence de cette réponse n'exclut pas la mise en œuvre par l'acteur de solution jugée individuellement pertinente. En effet, il n'y a jamais une solution idéale, mais plusieurs solutions. D'où la nécessité de distinguer les "réponses souhaitées" des "réponses possibles". Ceci implique logiquement d'analyser leur dimension socio-anthropologique (Véronique Petit, 2015). Toute réponse est en effet porteuse de valeurs sociétales, étant entendu que les aspirations purement économiques modèlent aussi ces réponses des acteurs. Cependant il ne faut pas sous-estimer le fait de disposer de ressources sociales, notamment à travers la participation à des réseaux ou des associations (Y. Charbit, 2015).

C'est sans doute cette importance que les différents acteurs ont perçu à travers les stratégies de la pluri appartenance associative. L'on peut se demander en quoi le fait d'appartenir à plusieurs associations professionnelles de sa corporation à la fois peut être stratégique ? Mieux, une telle stratégie impacte-t-elle véritablement les associations professionnelles elles-mêmes ? Une analyse minutieuse de ces organisations permet de ne pas chercher trop loin la réponse à cette préoccupation. En effet, la pluri appartenance associative, loin d'être une stratégie anodine, apparait comme un agenda caché des responsables associatifs. Ces derniers, à défaut d'avoir des associations fictives qui pourraient être facilement démasquées par la population, peuvent tout au moins avoir ce que les artisans eux-mêmes qualifient d'associations « fabriquées », c'est-à-dire des associations aux effectifs gonflés ou arrangés du fait du jeu de ces artisans pluri associés. De fait, ces derniers qui ont l'avantage de se faire compter dans plusieurs regroupements à la fois peuvent dicter leur loi en période électorale. En d'autres termes, lors des sessions électorales en vue du renouvellement des équipes dirigeantes de ces organisations ou de leurs structures faîtières, les artisans pluri associés ont la possibilité d'exprimer plusieurs suffrages en faisant compter leur voix au sein de plusieurs associations à la fois, surtout si les élections ne se déroulent pas le même jour ni à la même heure. Il s'agit donc d'une stratégie au service du lobbying organisationnel. Par ailleurs, la pluri appartenance associative permet aux responsables artisans d'arranger les effectifs des associations et par ricochet de maximiser le captage des ressources publiques allouées aux associations professionnelles. En effet, très souvent, ces ressources publiques sont réparties au prorata du nombre et de la taille de chaque association.

Dans un recul nécessaire, l'analyse des réponses déployées par les artisans (individuellement ou collectivement au niveau association) peut permettre d'interroger la dimension psycho-sociale de ces réponses qui structurent l'histoire du regroupement en milieu artisan à Godomey et Abomey-Calavi.

3.2. Le regroupement artisan à Godomey et Abomey-Calavi : entre réponses sociales et débrouille organisationnelle

Dans un second temps, la dimension réponse au changement et diversité des espaces sociaux de regroupement des organisations artisanes s'offre à l'analyse et à la discussion comme deux dimensions fertiles. Ces aspects relevés plus haut dans nos résultats sont mis ici en discussion avec les travaux d'autres auteurs afin de saisir leur pertinence.

3.2.1. L'entrée en association chez l'artisan, une réponse choisie ou contrainte ?

Si la mise en place des associations répond à des logiques d'acteurs et est parfois au besoin de protéger les intérêts de la corporation, l'analyse de la décision d'entrée en association, peut, à l'échelle des individus, s'analyser en termes de réponse subie ou contrainte (D. Kingsley, 1963 cité par V. Petit, 2015, pp.74-79). En effet, plus qu'un choix libre, la réforme du Certificat de Qualification Professionnelle (CQP) et du Certificat de Qualification aux Métiers (CQM) obligeant la plupart des patrons artisans à adhérer à une association ou à en constituer pour se conformer aux exigences de la réforme, représente plutôt une contrainte pour l'acteur artisan. La plupart s'en passeraient s'ils en avaient le libre choix. Il s'agit d'une réforme finalement bénéfique pour le regroupement associatif dans le secteur. En effet, avant de présenter un apprenti à l'un quelconque de ses deux examens de fin d'apprentissage organisés dorénavant par l'Etat, le patron artisan est tenu de faire passer le dossier de ses apprentis candidats par le biais d'une association professionnelle. Cette disposition l'oblige à appartenir, bon gré mal gré, à une association professionnelle de sa corporation. C'est d'ailleurs cette contrainte qui justifie pour une large part l'entrée et le maintien en association chez bon nombre d'artisans rencontrés lors de nos investigations. En définitive, l'adhésion associative apparaît davantage comme une réponse subie que préférée pour les artisans. (V. Petit, 2015, pp.74-79). Mais au-delà de cette contrainte socio-professionnelle et du contrôle social exercé sur lui par l'association, l'acteur artisan reste toujours libre dans la mesure où l'entend l'analyse stratégique. Dans leur théorie sur le système d'action sociale, les auteurs le disent si bien en montrant comment dans un système en proie à des changements comme les associations professionnelles, les acteurs artisans n'ont pas un rôle adaptatif et passif. Ils utilisent des jeux, en fonction des stratégies possibles (M. Crozier et E. Friedberg, 1977, p.76).

Lorsqu'on interroge les artisans sur les raisons qui ont motivé leur adhésion à leur association professionnelle, la plupart évoquent le besoin d'être en phase avec l'évolution et les nouvelles normes en vigueur dans leur métier ; ce qui passe par le réseau associatif. Ces données confirment le rôle informationnel (partage et collecte de l'information), décisionnel et d'intégration sociale déjà souligné par V. Angeon et S. Laurol (2006, p.17) comme des externalités positives émanant des pratiques de sociabilité et de solidarité locales. Pour d'autres, il s'agit de profiter du lien social que la vie associative permet de renforcer ou de tisser. En effet, comme l'a montré A. Rakotonarivo, (2010, p.112), la solidarité est un acte de réciprocité fondé sur le lien social. Ces artisans ont certainement compris que pour en bénéficier, il faut entrer dans le cercle de son expression en adhérant à l'association de son corps de métier. C'est la meilleure façon d'espérer mobiliser ce capital social en cas d'événements en famille. Par ailleurs, les divers espaces de rencontre de ces associations méritent notre analyse.

3.2.2. Un regroupement sur fond de débrouille organisationnelle

Les données empiriques sur la sociohistoire du mouvement artisan à Godomey et à Abomey-Calavi révèlent un regroupement dont les cadres sociaux n'ont pas de frontières ni d'incompatibilités. On peut oser affirmer que tout cadre social est propice au regroupement chez ces professionnels des métiers. Cette diversité et hétérogénéité des espaces sociaux de rencontre peuvent, à l'analyse, être perçues comme un indicateur d'autonomie et d'indépendance professionnelle. Autrement dit, il est possible dans une certaine mesure d'y voir le signe qu'il s'agit d'organisations sociales de base dont les acteurs revendiquent leur indépendance et autonomie en se refusant de subir, dans une certaine mesure, un contrôle des autorités étatiques. Cette posture rejoint les travaux d'auteurs célèbres en sociologie des professions (C. Dubar et P. Tripier, 2003, pp.186-187) et en sociologie de l'artisanat (F. Gresle, 1981 ; C. Jaeger et ali., 1985 et de B. Zarca, 1988).

Pourtant, à considérer de près, une telle clé d'interprétation et d'analyse se heurte à la situation de certaines de ces associations qui ont pour cadres de rencontre le domicile soit d'un élu local (acteur politique), d'un responsable artisan ou d'un parrain ou bienfaiteur dont l'agenda caché peut bien être à des fins de mobilisation électorale. Dans ces conditions, il faut craindre le risque d'une influence des propriétaires de ces espaces plutôt privés sur les décisions et le fonctionnement de l'association. Dans une autre posture d'analyse, on peut voir cette diversité de cadres sociaux de regroupement comme l'expression d'une débrouille organisationnelle chez ces associations de base. Cette lecture rejoint les résultats auxquels est parvenu B. Montcho (2015*)*, dans ses travaux sur la commercialisation de l'essence frelatée communément appelée "kpayo" à Cotonou (Bénin). L'auteur lit dans cette forme d'activité dont les acteurs sont généralement vus comme des déviants sociaux ou des hors- la- loi, une forme de débrouille sociale dans un contexte socio-économique de rareté de l'emploi. Cette position rejoint également les travaux de C. Nelisse et al, (1994) qui ont porté sur le lien social et politique dans les activités de l'informel.

3.3. Vers une perversion du projet associatif ?

Le projet de regroupement associatif est une action collective dont le but premier est de permettre à l'acteur artisan de surpasser ses limites personnelles face aux problèmes de sa profession et de profiter des effets de levier et de synergie induits par le groupe. Malheureusement, il se constate qu'avec le temps cette finalité projective se pervertit ou se corrompt du fait des pratiques et des actions des membres. Ces actions corruptrices du projet associatif font le nid des principales tares des associations artisanes. Elles justifient également les critiques soulevées par les auteurs à leur endroit. En effet, au lieu de travailler à apporter chacun sa contribution en termes de ressources à l'ensemble du groupe, les artisans associés végètent plutôt dans une attitude de main tendue, ce qui place les associations dans une situation d'assistance continue. Cette tendance à l'assistanat est ce que dénonce ici cet auteur :

« La création d'une association d'entrepreneurs[6] artisans permet en principe à ses membres d'unir leurs efforts pour régler des

6 Il faut entendre ici par « entrepreneur, chaque patron artisan membre d'une association ; il est entrepreneur dans la mesure où il gère un atelier

problèmes qui ne peuvent être résolus individuellement. Elle est un instrument créé par les artisans pour leur être utile ; de la contribution de chaque membre dépend l'atteinte des résultats de l'association, ce qui malheureusement, n'est souvent pas bien compris de tous. Plusieurs associations sont créées comme tremplins de captation d'aides au profit de leurs membres. Et au lieu de prendre des initiatives, elles restent inactives en attendant toujours un appui extérieur provenant d'un partenaire bilatéral ou multilatéral, ou d'une organisation non gouvernementale. Les associés ne s'approprient pas l'adage selon lequel « il faut toujours soulever sa charge au niveau du genou avant qu'on ne vous aide à la mettre sur la tête ». Ce faisant, les associations se confinent dans une mauvaise situation d'éternelles assistées » (C. C. Davodoun, 2008, p.137).

En réalité, les organisations humaines sont à l'image des acteurs qui les animent. Ces derniers transfèrent aux projets qu'ils portent à travers leurs actions collectives les traits caractéristiques de leur personnalité individuelle. Du coup, l'organisation hérite non seulement des forces de ses membres mais subit également l'influence de leurs faiblesses et de leurs tares. L'acteur artisan et le système associatif qui porte son action de solidarité, il y a de la place pour des interrelations dont la compréhension et l'appréciation peuvent se révéler très complexes pour le chercheur. Et le recours aux logiques d'actions comme le recommandent certains auteurs n'offre pas davantage de lumière ou de chance pour accéder aux comportements des acteurs dans une perspective de dépassement du dualisme acteur/système (J.-P. Bréchet et N. Schieb-Bienfait, 2011, p.101). Cette complexification de l'action collective impacte la gestion courante de ces organisations sociales de base que constituent les associations artisanes.

3.4. A qui profitent les ressources de solidarité au sein des associations artisanes ?

Cette question mérite qu'on la pose au regard des pratiques de gestion qui entourent la répartition des ressources mobilisées sous

---

dont il est le promoteur et peut être assimilé à un entrepreneur à part entière.

le couvert de la solidarité au sein des associations artisanes. En effet, l'acteur artisan associé qui cotise même dans les cas de tontine, ne repart pas avec la totalité des fonds mobilisés. Une ponction de ces fonds est faite sous le compte de la retenue associative.

Le premier et grand bénéficiaire des ressources de solidarités est l'acteur artisan associé lui-même. En adhérant au projet associatif et en acceptant de payer les différents coûts qui y sont liés[7], l'artisan associé profite d'un certain nombre d'avantages à savoir une assurance face au risque du métier ; le gain financier ; le crédit sans garantie à travers le mécanisme de la tontine ; un capital social en cas d'événements en famille ; le renforcement de capacités qui assure la mise à jour des connaissances ; etc. La perception de ces différents avantages crée le plus souvent une motivation chez l'artisan et le décide à entrer en association. Plus tard, il peut découvrir que d'autres acteurs partagent avec lui les retombées de sa participation associative. Le corps associatif est l'un de ces acteurs à travers ce qu'il convient d'appeler, dans le cadre des cotisations et des tontines, la retenue associative.

D'un montant variable, la retenue associative dans le cadre de l'organisation et de la gestion des ressources de solidarité au sein des associations artisanes représente la part financière qui revient à l'association dans les ressources mobilisées. Au sein de l'association dénommée « Alôdo club deux roues de Togoudo » par exemple, il est clairement indiqué dans les textes que « Une somme de 10.000 F sera déposée dans la caisse par chaque membre » sur un montant cotisé de 120.000 F CFA, soit 08,33% de retenue associative (cf. Article 11 du règlement intérieur de l'association Alôdo Club de Gogomey-Togoudo, 2018). Cette somme représente la retenue associative dans une association de solidarité où « La quote-part par

[7] L'acteur artisan membre d'une association ou qui participe à un projet de solidarité collective est soumis à différents coûts à savoir le temps des réunions qui peut représenter une grande perte pour lui vu que l'artisan est un travailleur du quotidien ; les souscriptions et cotisations obligatoires ; le partage du risque avec les autres ; la soumission aux normes de la profession et de l'association, etc. Cette liste non exhaustive constitue le prix à payer pour adhérer au projet associatif de solidarité. Ceux qui ne sont pas prêts à le payer restent en marge des associations et de ses avantages ou ressources.

personne est de 12.000 F CFA à un membre défunt ou à un événement heureux » (Article 3, règlement intérieur AC, 2018) pour une cagnotte finale de 120.000 F CFA. Sur cette ressource mobilisée, l'association retient 10.000 F et remet 110. 000 F CFA au membre cotisant. Cette retenue participe avec les autres frais (droits d'adhésion, cotisations aux réunions, frais accessoires de pénalité ou d'amende, etc.) au financement de l'organisation. Dans le cadre spécifique des tontines, cette retenue associative est prioritairement destinée à l'organisation d'une réjouissance au terme du cycle tontinier.

En dehors de la retenue, la demande de solidarité ou demande d'assistance elle-même est payante. En effet, le membre associé qui désire solliciter la solidarité de l'association doit exprimer cette demande avec une somme de 5000 F et un respect de délai de traitement. Sur ce point également, les textes associatifs sont précis : « Tout membre qui veut faire une demande doit nécessairement le signaler au bureau deux semaines à l'avance avec une somme de cinq (5000 F) pour la demande » (Art. 8, association AC, 2020). Il faut observer que l'introduction de ces frais de demande de solidarité ainsi que le droit d'adhésion constituent une innovation sociale dans la sociohistoire de cette association, car au départ du regroupement en 2018, ces montants n'étaient pas exigés aux membres fondateurs. Il a fallu que l'association boucle un premier cycle tontinier pour qu'à la faveur des succès enregistrés et de la ferveur suscitée par l'initiative, que les membres du bureau décident d'introduire à la faveur de la relecture de leurs textes, ces différentes mentions. Tout ceci offre à l'analyse des matériaux pour cogiter sur l'institutionnalisation des procédures et des normes au sein des organisations. Les premiers bénéficient souvent d'une faible législation voire d'une absence de normes et au fur et à mesure que l'organisation évolue, ses premiers acteurs créent des barrières aux derniers venus en corsant de plus en plus les procédures. C'est ainsi qu'en comparant les textes actualisés en 2020 avec la première version élaborée en 2018 du règlement intérieur de cette même association, on peut remarquer par exemple que le contre-don en termes de repas et de boissons que le membre demandeur de la solidarité doit offrir à ses pairs venus l'assister a été revu à la hausse. Ce renchérissement des coûts de la solidarité en termes de contrepartie s'explique d'après les responsables de l'association par l'accroissement de l'effectif des adhérents, ce qui élève l'enveloppe de l'aide financière pour l'artisan associé d'une part mais également, augmente le nombre de personnes à restaurer par ce dernier d'autre part. A titre illustratif, les boissons sont passées de deux casiers en 2018 à cinq casiers en 2020 pour une augmentation d'effectif de l'ordre de 100% (passant de 10 à 20 membres), en plus des nouveaux frais (droit d'adhésion, frais de demande de solidarité) ajoutés. Si ces nouvelles entrées représentent dans une certaine mesure une évolution dans la sociohistoire de cette association, elles ne demeurent pas moins une innovation sociale expressive d'un changement capable de transformer à moyen ou long termes le projet associatif de solidarité au point même de le corrompre. Ceci renforce notre modèle d'analyse basé sur les théories du changement social dont G. Rocher (1968, p.218) reste le chef de file et le maître à penser. Cette évolution confirme à l'analyse, le double effet transformant et transformateur de la solidarité au sein des associations artisanes.

Conclusion

En définitive, l'histoire du regroupement artisan dans les arrondissements de Godomey et d'Abomey-Calavi s'est tissée sur le lit des réformes politiques et des initiatives sociales des acteurs de ce secteur. Le paysage associatif artisan dans cette zone de recherche s'est révélé très dynamique aussi bien dans les professions classiques habituées au regroupement (textile, coiffure) que dans les nouveaux métiers émergeants (Techniciens de GSM par exemple). Suite à notre enquête cartographique, il a été recensé cinquante associations appartenant à cinq branches d'activités artisanales. Leur sociohistoire peut être qualifiée d'une histoire de changements et de réponses sociales dont la trame se joue entre continuité et rupture avec l'histoire nationale du mouvement artisan dont les débuts remontent aux années 1950. Dans ce regroupement, l'Etat à travers ses décisions et réformes fait figure d'aiguillon et la plupart des associations restent caractérisées par une forte orientation vers la résolution des problèmes corporatistes. Au-delà des changements, des enjeux de sécurité sociale et de solidarité constituent d'autres facteurs qui déclenchent et maintiennent ces institutions dont la reproduction continue de se jouer entre déconcentration et stratégies d'acteurs.

Différentes stratégies sont utilisées par les artisans selon leur position et centre d'intérêts respectifs. Dans l'ensemble, les stratégies favorisent une certaine instrumentalisation de l'appartenance associative et des associations professionnelles mises en place dans les différents corps de métier. Au nombre de ces stratégies, la démultiplication ou l'émiettement associatif et la pluri appartenance associative sont les plus couramment utilisées par les acteurs. Si les responsables artisans ou les potentiels candidats aspirant aux postes électifs au sein de la corporation artisane sont pour la plupart du temps les auteurs des jeux d'émiettement ou de démultiplication des associations à des fins électoralistes, les membres ordinaires de ces associations recourent quant à eux à la pluri adhésion associative pour atteindre des objectifs individuels. Si à l'échelle individuelle, ce type de réponse peut paraître choisie et satisfaisante, il n'en est pas autant des réponses associatives plutôt collectives qui elles, sont plus contraignantes et subies par l'artisan.

La contextualisation, entendue comme le poids réel des contraintes macro ou sociétales, ne doit pas être négligée dans l'évaluation de l'efficacité des réponses au niveau méso, c'est-à-dire communautaire ou micro, c'est-à-dire individuel (Y. Charbit, 1999). Une prochaine analyse sur le sujet peut porter sur les conditions de pertinence et d'efficacité des réponses déployées face à un changement social, qu'il s'agisse de réponses collectives ou individuelles.

Références bibliographiques

ANGEON Valérie et LAUROL Sandra, 2006, « Les pratiques de sociabilité et de solidarité locales : contribution aux enjeux de développement territorial », *ERES Espaces et sociétés*, Paris, 2006/4 no 127, pp.13-31.

BRECHET Jean-Pierre et SCHIEB-BIENFAIT Nathalie, 2011, « Logique d'action et projet dans l'action collective : réflexions théoriques comparées», *Finance Contrôle Stratégie,* Nantes, volume 14, n°1, pp 101-129.

CHARBIT Yves, 1999, « Famille et fécondité : pour une démographie compréhensive », *Sociologie et Société,* vol. XXXI, n°1, pp.23-34.

CHARBIT Yves, 2015, « D'une théorie à une autre », in V. PETIT (sous dir.), *La théorie du changement et de la réponse, nouvelles perspectives de recherche sur la population et le développement,* Paris, L'harmattan, pp.48-67.

CROZIER Michel & FRIEDBERG Erhard, 1977, *L'acteur et le système*, Paris, Editions du Seuil, 445p.

DAVIS Kingsley, 1963, "The Theory of change and response in modern demographic history", *Population Index*, vol. 29, N°4, pp.345-366.

DAVODOUN Cyr Comlan, 2003, *Le Secteur de l'Artisanat au Bénin : Développement de pôles de Solidarité Economique*, Cotonou, Editions Ruisseaux d'Afrique, 182p.

DAVODOUN Cyr Comlan, 2003, *La Dynamique Associative dans le Secteur de l'Artisanat au Bénin : Eléments d'informations statistiques*, Cotonou, Editions Centre Africain d'Action et de Recherche en Education et Culture, 100p.

DAVODOUN Cyr Comlan, 2006, *Développement du mouvement associatif en milieu artisan du Bénin*, Cotonou, Les éditions du Flamboyant, 206p.

DUBAR Claude, et TRIPIER Pierre, 2003, Sociologie des professions, Paris, Armand Colin, 256 p.

DURKHEIM Emile, 1893, *De la division du travail social,* Paris, PUF, 8ème édition, 420p.

GIBSON, Barbara E., 2008 "Videorecording", In GIVEN Lisa M., 2008, The sage encyclopedia of qualitative research methods, Vol 1 & 2, Thousand Oaks, CA, Sage, pp.945-947.

GOFFMAN Erving, 1975, *Stigmate : les usages sociaux des handicaps*, Paris, Les Editions de Minuit, coll. « Le sens commun », 175p.

GRESLE François, 1980, Indépendants et petits patrons. Pérennité et transformations d'une classe sociale. 2 tomes, Paris, Librairie Honoré Champion, 1057p.

GRESLE François, 1981, L'univers de la boutique. Famille et métier chez les petits patrons du Nord (1920-1975), Lille, Presses Universitaires de Lille, 161 p.

JARGER Christine, POUCHOL Marlyse, SEVERS Michèle, 1985, L'artisanat en évolution : l'exemple de trois métiers, revue d'économie industrielle, n°34, pp.58-70.

MONTCHO Bruno, 2015, Commercialisation de l'essence "kpayo" à Cotonou : entre déviance et débrouille, Thèse de doctorat de sociologie de développement, soutenue à l'UAC le 11/04/2015.

MUCCHIELLI Roger, 1993, *L'Interview de groupe*, Paris, ESF Editeur, 17è éd., 175p.

NOIRIEL Gérard, 2008, Introduction à la socio-histoire, La Découverte (éd.), Paris, Coll. Repères, 128p.

PETIT Véronique (sous dir.), 2015, *La théorie du changement et de la réponse, Nouvelles perspectives de recherche sur la population et le développement*, Paris, L'Harmattan, 352p.

ROCHER Guy, 1973a, « L'idéologie du changement comme facteur de mutation sociale », dans Rocher G., Le Québec en mutation, Montréal, Éditions Hurtubise H.M.H., pp. 207-221.

SERVET Jean-Michel, 2010, « Figures contemporaines et passées de la solidarité. Approches interdisciplinaires », *Finance & Bien Commun,* 2010/2, No 37-38, pp. 8-27.

ZARCA Bernard, 1988, Identité de métier et identité artisanale, revue française de sociologie, n°29-2, pp.247-273.

Références webographiques

FORTIN Andrée, 1994, « Notes sur la dynamique communautaire », *Nouvelles pratiques sociales.* Vol.7 n°1, pp 23-32, URL: http://id.erudit.org/iderudit/301249ar, consulté le 18 janvier 2016 à 12:24.

GAUSSET Quentin 2005, « Organisations communautaires de base et renforcement de la société civile en milieu rural », in *Civilisations* [En ligne], 52-2, mis en ligne le 02 février 2009, consulté le 16 novembre 2017. URL :

http://civilisations.revues.org/799 ; DOI : 10.4000/civilisations.799.

GUILLERMOU Yves et KAMGA André, «Les organisations paysannes dans l'Ouest-Cameroun», *Études rurales* [En ligne], 169-170 | 2004, URL : http://etudesrurales.revues.org/8054, mis en ligne le 01 janvier 2006, consulté le 16 novembre 2017.

LOMAX, H., & CASEY, N., 1998, Recording social life: Reflexivity and video methodology. Sociological Research Online, 3(2). Retrieved from http://www .socresonline.org.uk/3/2/1.html, consulté le 27/05/2020 à 11h 12.

MINONZIO Jérôme, 2004, Les "solidarités familiales" dans l'espace public. Emergence et controverses dans le cas de la dépendance des personnes âgées, *Recherches et Prévisions*, n°77, pp.7-19, URL : www.persee.fr/doc/caf_1149-1590_2004_num_77_1_2801, Consulté le 05/01/2016.

NELISSE C., et al, (1994), Les formes de l'informel, Lien social et politique, n°32, p. 5-13, http://id.erudit.org/iderudit/005159ar consulté ce 22/02/2020 à 7h44.

RAKOTONARIVO Andonirina, 2010, «Les solidarités intergénérationnelles en milieu rural malgache : le rôle des personnes âgées dans la migration», *Autrepart* 2010/1, N° 53°, pp. 111-130, URL : http://www.cairn.info/revue-autrepart-2010-1-page 111.htm, Consulté le 05/01/2016.

CHAPITRE 2

L'éclairage public des rues dans les espaces périurbains de Lomé (Togo) : de l'inégalité spatiale à l'injustice

Gnimavor Kodjo FAGBEDJI, Iléri DANDONOUGBO et Follygan HETCHELI
Université de Lomé

Résumé : Au Togo, la distribution de l'énergie électrique à l'échelle des villes et de leurs périphéries est inégalitaire et constitue un enjeu socio-économique et de gouvernance majeure. La ville de Lomé, connaît depuis plus de deux décennies une forte croissance démographique (de 500 000 habitants en 1986 à 1 938 057 habitants en 2015) et un étalement très rapide vers le milieu rural (de 55 ha en 1914 à plus de 30 000 ha en 2015), entraînant une urbanisation désordonnée nécessitant la mise sur pied de nombreux équipements dont le réseau d'électricité surtout dans les périphéries. Le présent article analyse les ségrégations socio-spatiales de la distribution de l'énergie électrique visible à travers l'éclairage public au sein de Lomé et de son agglomération. A partir d'une démarche méthodologique basée sur la recherche documentaire, l'observation ainsi que les enquêtes de terrain par questionnaire et entretien, l'étude montre que les artères principales et secondaires du centre-ville ; des quartiers d'affaires et administratifs, ainsi que des quartiers de résidence des élites sont mieux équipées en éclairage public (89 %) que les quartiers périphériques (11 %), alors que tous les abonnés paient la même redevance pour l'éclairage public ; ce qui est une forme d'injustice spatiale. L'article suggère à terme, l'installation des lampadaires solaires sur les artères des périphéries de Lomé afin d'atténuer cette inégalité d'accès à l'éclairage public.

Mots-clés : Eclairage public, espace périurbain, inégalité spatiale, injustice, Lomé (Togo).

Abstract: In Togo, the distribution of electrical energy at the scale of cities and their peripheries is unequal and constitutes a major socio-economic and governance issue. The city of Lomé has experienced strong demographic growth for more than two decades (from 500,000 inhabitants in 1986 to 1,938,057 inhabitants in 2015) and very rapid sprawl towards the rural environment (from 55 ha in 1914 to more than 30,000 ha in 2015), leading to disorderly urbanization requiring the installation of numerous facilities including the electricity network, especially in the outskirts. This article analyzes the socio-spatial segregations of the distribution of visible electrical energy through lighting public within Lomé and its agglomeration. Based on a methodological approach, on documentary research, observation and field surveys by questionnaire and interview, the study shows that the main and secondary arteries of the city center; business and administrative districts, as well as elite residences are better equipped with public lighting (89 %) than peripheral districts (11 %), while all subscribers pay the same fee for public lighting; which is a form of spatial injustice. The article eventually suggests installing solar street lights on arteries in the outskirts of Lomé, in order to reduce this inequality of access to public lighting.

Keywords: Public lighting, outskirts, spatial inequality, injustice, Lomé (Togo).

Introduction

Au Togo, comme partout ailleurs en Afrique, le taux d'électrification reste faible, malgré les efforts d'extension du réseau consentis ces dernières décennies. Il est passé de 23 % en 2010 à 40 % en 2017 avec un écart important entre la zone rurale (7 %) et celle urbaine (80 %) (Ministère des mines et des énergies du Togo, 2018). Si la situation reste très contrastée entre zones urbaines et rurales, elle l'est également entre périphéries et centre-ville. Lomé, la capitale du Togo, n'échappe pas à cette disparité d'accès à l'électricité. S'étirant sur plus de 30 km à partir du noyau urbain, la ville de Lomé s'étend au-delà du périmètre administratif défini et fait face à la création de nombreux quartiers périphériques où l'électricité devient un besoin pressant et constitue un grand facteur de différenciation avec les zones rurales. Si le pourcentage de ceux qui sont abonnés à l'électricité est de 40 % dans l'ensemble de l'agglomération, ce taux tombe à moins de 15 % dans les zones périphériques (K. H. Biakouyé *et al*, 2014, p. 103). Cette inégalité est marquée par une irrégularité dans la fourniture du courant et des problèmes de tarification souvent incontrôlée. Elle se ressent également à travers les modes d'accès à l'électricité, la disponibilité des équipements électriques et la présence d'éclairage public sur les rues (K. G. Fagbédji *et al*, 2017, p. 67). Le facteur qui retient l'attention dans le présent article est l'absence de l'éclairage public des rues dans les espaces périphériques de Lomé. Il est défini comme l'ensemble des moyens d'éclairage mis en œuvre dans les espaces publics, à l'intérieur et à l'extérieur des villes, très généralement en bordures des voiries et places, nécessaires à la sécurité ou à l'agrément de l'homme (S. Jaglin, 2012, p. 3). Dans cet article, l'éclairage public s'intéresse essentiellement à la présence de lampadaires qui s'allument la nuit sur les voiries urbaines. Ces lampadaires qui s'allument généralement à partir de 18 heures sont destinés à éclairer les voies, faciliter le trafic et assurer la sécurité des usagers de la route (F. Pilo', 2016, p. 1). En 2015, le réseau d'éclairage public à Lomé avait au total 32 907 mètres linéaires (ml), soit 117, 525 ml/km^2. La ville basse se taillait la grande part avec les quartiers du premier arrondissement de la ville, qui totalisent à eux seuls 13 619 ml, soit 42 % du réseau total (K. G. Fagbédji *et al,* 2017, p. 68). Les espaces ruraux situés sur les fronts urbains comme Aflao Sagbado, Baguida, Djagblé, Sanguéra, Ségbé, ou encore Agoè-Sogbossito sont les plus touchés par cette disparité spatiale. Les rues de ces anciens villages environnants rattrapés par le front d'urbanisation de la ville ne sont pas éclairées. En 2011, le pouvoir public a institué la redevance d'éclairage public de 1 F CFA sur chaque consommation de kilowattheure. La collecte de ces fonds est destinée à accompagner les collectivités territoriales dans le paiement des factures d'éclairage public, à faire les extensions dans les quartiers de chaque ville, et à faire la maintenance des lampadaires et infrastructures. Cette redevance est prélevée sur les factures électriques de tout abonné qu'il réside au centre-ville ou à la périphérie, alors que les abonnés des espaces périurbains ne bénéficient pas de l'éclairage public. En 2017, la redevance est passée à 5 F CFA/kilowattheure. En dépit de cette augmentation, les abonnés résidant dans les périphéries comme Sanguéra et Lègbassito ne jouissent toujours pas de ce service, bien qu'étant assujettis à cette taxe. La densité du réseau d'éclairage public au centre-ville est de 120 ml/km^2 et à peine de 10 ml/km^2 dans les périphéries (K. G. Fagbédji, 2018, p. 139). En quoi le prélèvement de la redevance éclairage public auprès des abonnés ne disposant pas d'éclairage public est-elle une forme d'injustice spatiale ? Cet article se propose d'analyser dans quelles mesures le déficit d'éclairage public des rues de Lomé constitue- t- il une injustice spatiale. Il s'agit d'analyser la dynamique spatiale de Lomé, l'inégalité d'accès à l'éclairage public des rues et les mécanismes de distribution spatiale de l'électricité, en l'occurrence l'éclairage public à Lomé. L'étude se base sur la théorie de la justice spatiale, tel que formulée par J. Rawls (1987, p. 14-17) et reprise par Ph. Gervais-Lambony *et al* (2009, p. 3), pour comprendre les logiques des politiques territoriales dans la distribution de l'électricité.

1. Matériel et méthode

1.1. Présentation de la zone d'étude

Le milieu d'étude, Lomé, est situé au sud du Togo sur le littoral du Golfe de Guinée entre 6°8' et 6°11' de latitude Nord et entre 1°11' et 1°18' de longitude Est. Il est limité au Nord par la préfecture du Zio, au nord-ouest par la préfecture de l'Avé, à l'ouest par le Ghana, à l'Est par la préfecture des Lacs et au Sud par l'Océan Atlantique (Carte n°1).

Carte n°1 : Situation géographique de la zone d'étude

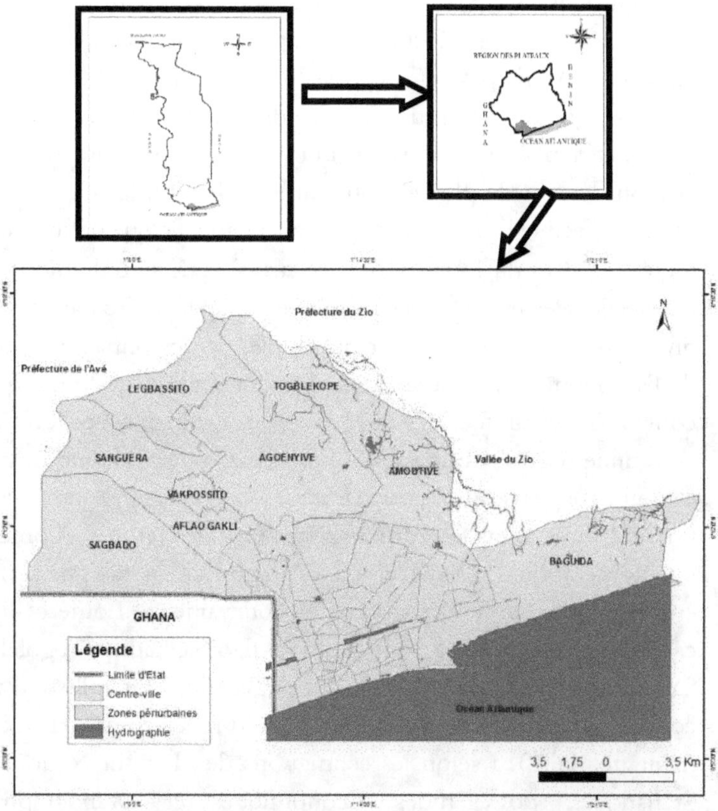

Source : DGC, 2013, carte réactualisée par K.G Fagbédji (2018), p.42

Ville frontalière, capitale politique et économique du Togo, Lomé concentre 63,2 % des citadins soit 23 % de la population totale du Togo sur une superficie qui n'occupe que 0,49 % du territoire national » (SDAU, 2015). « La concentration des fonctions politiques, administratives, économiques, sociales et culturelles font de la capitale togolaise, une ville macrocéphale puisqu'elle représente 70 % de la population urbaine du pays et 20 % de tous les Togolais » (K. G. Fagbédji, 2018, p. 45). L'agglomération de Lomé comprend la commune de Lomé et ses cantons environnants tels qu'Aflao-Sagbado, Togblékopé, Sanguéra, Agoènyivé, Lègbassito et Baguida qui formaient la préfecture du Golfe. En juillet 2015, la préfecture d'Agoènyivé fut créée. La nouvelle préfecture regroupe les cantons de Togblékopé, Sanguéra, Agoènyivé et Lègbassito. Il s'agit pour les pouvoirs publics d'une réorganisation, en vue de mieux contrôler le territoire urbain et rural du Grand Lomé qui ne cesse de s'étendre et dont la gestion devient de plus en plus difficile. En juin 2019, en vue de rendre effective la décentralisation au Togo telle que définie dans la loi n°2007-011 du 13 mars 2007 relative à la décentralisation et aux libertés locales et ses textes subséquents, le territoire national a été divisé en collectivités territoriales dotées de personnalité morale et de l'autonomie financière. Ainsi, l'agglomération de Lomé qui est constituée des préfectures du Golfe et d'Agoènyivé a été divisée en commune. Cette subdivision administrative et politique ne remet toutefois pas en cause, la dynamique observée sur le territoire du Grand Lomé. Dans le cadre de cette étude, les termes « Lomé » ou « agglomération de Lomé » ou le « Grand Lomé » désigne la même entité géographique et regroupe la commune de Lomé et les six cantons périphériques que sont Aflao-Sagbado, Togblékopé, Sanguéra, Agoènyivé, Lègbassito et Baguida. Le milieu d'étude couvre une superficie de plus de 35 000 ha et compte 1 938 057 habitants en 2015 selon les estimations de l'Institut National des Statistiques, des Etudes Economiques et Démographiques (INSEED, 2016). L'étude s'est basée sur une démarche méthodologique qui prend en compte des données quantitatives et qualitatives.

1.2. Matériel et méthodes de travail

Plusieurs sources d'informations ont été utilisées pour analyser les différentes articulations de cet article. Les données de la littérature et les observations de terrain ont été exploitées dans le but de comprendre les mécanismes de répartition des poteaux électriques. La notion d'étalement urbain a été analysée sur la base des travaux des auteurs tels que Y. Marguérat (1986, p. 12-20), Y.

Dziwonou (2000, p. 196-201), K. G. Nyassogbo (2010, p. 106-121) et F. Hétchéli, (2017, p. 251-277). Ceci a permis de ressortir la particularité de ce phénomène dans la ville de Lomé. Une analyse fine des documents cartographiques a donné les différentes étapes de la croissance de la ville. Une deuxième phase a consisté à exploiter et analyser les bases de données cartographiques de la Direction Générale de la Cartographie (DGC) de 2013 et les fonds documentaires de la Compagnie Energie Electrique du Togo (CEET) et de l'Autorité de Réglementation du Secteur de l'Electricité (ARSE). Ces documents comportent les rapports annuels 2016, 2017 et 2018 de la CEET, les données sur la configuration des équipements de distribution de l'énergie, les informations sur l'organisation et le fonctionnement du Comité de Gestion de la Redevance pour l'Eclairage Public (CGREP) et sur les différents textes réglementaires existants pour la gestion de l'éclairage public au Togo. Par les différentes méthodes de calcul et d'analyse spatiale qu'offre le logiciel ArcGis V10.2.1, des opérations ont été effectués pour estimer la densité de la couverture spatiale du réseau électrique par quartier en croisant la superficie de chaque quartier avec la longueur des lignes électriques qui le traverse. Des entretiens avec 05 responsables des services techniques de la CEET, 02 de l'ARSE, 03 du CGREP et 03 du Ministère chargé de l'énergie ont permis de connaître les techniques de découpages de la ville pour la maîtrise du réseau, les motivations qui sous-tendent le choix des localités à équiper en lampadaires et d'avoir les informations sur la manière dont le fonds de la redevance d'éclairage public est géré. Les données sur la densité du réseau d'éclairage public ont conduit à l'identification des inadéquations et des insuffisances notoires dans la fourniture de l'énergie électrique à Lomé.

Ces techniques d'enquêtes ont été renforcées par l'administration de questionnaire à choix raisonné à 128 chefs de ménages des espaces périurbains d'Agoe-nyivé, Lègbassito, Sanguéra et Ségbé Akato sur 52 512 estimés en 2015 (INSEED,

2016). La méthode d'échantillonnage utilisé est basée sur la théorie des proportions de P. Ardilly (1994, p. 270) selon laquelle : « dans la plupart des cas d'enquête d'opinions, il faut construire un échantillon, c'est- à- dire limiter à un petit nombre d'individus, soit (1/10 ou 1/20 ou 1/50, etc.) qui formera l'échantillon à l'intérieur de la population d'enquête ». Les enquêtes de terrain ont été menées du 20 au 28 juin 2019. Afin de mener une étude comparative, une enquête complémentaire a été menée auprès de 28 ménages dans deux quartiers du centre-ville à savoir Kokétimé et Tokoin Ramco. Les informations recueillies ont été enregistrées dans le logiciel CSPro 2.5 puis transférées dans le « tableur Excel » pour faire des graphiques. Le calcul des fréquences et des moyennes a été effectué à l'aide du logiciel SPSS (Statistical Package for Social Sciences).

2. Résultats

2.1. Etalement rapide de Lomé, source de sous-équipement des espaces périurbains

L'étalement spatial est devenu une caractéristique générale des capitales africaines. Dans une étude sur la dynamique du front d'urbanisation de Lomé, E. Le bris (1993, p. 218-230) signalait déjà l'extraordinaire étalement de la ville de Lomé. Coincée à sa naissance entre la mer au sud et la lagune au nord, Lomé a vite débordé le site qui l'a vu naître pour s'étendre vers le plateau de Tokoin. Les travaux de Y. Dziwonou (2000, p. 145-150), K. G. Nyassogbo (2010, p. 106-121) et F. Hétchéli (2017, p. 257-260) sur la ville décrivent une occupation progressive des parcelles à Lomé qui se fait à partir de l'océan vers le nord. « De 2 087 habitants en 1897, année à laquelle Lomé devient capitale du Togo, sa population a atteint 1 938 057 en 2015, avec un taux de croissance moyenne annuelle de 5 % » (INSEED, 2016). « Cette croissance rapide s'est accompagnée d'une extension spatiale spectaculaire, soutenue par une volonté de réalisation de la norme sociale de la construction d'un « chez » (E. Le bris, 1993, p. 218-230). « La superficie de la ville qui était de 55 ha en 1914 dépasse 35 000 ha en 2015, soit un taux de croissance de 42 % » (P. W. Takou, 2016, p. 187). Depuis les années 1940, les zones urbanisées se sont considérablement étendues comme le montre la carte n°2 suivante.

Carte n°2 : Dynamique spatiale de Lomé de 1940 à 2016

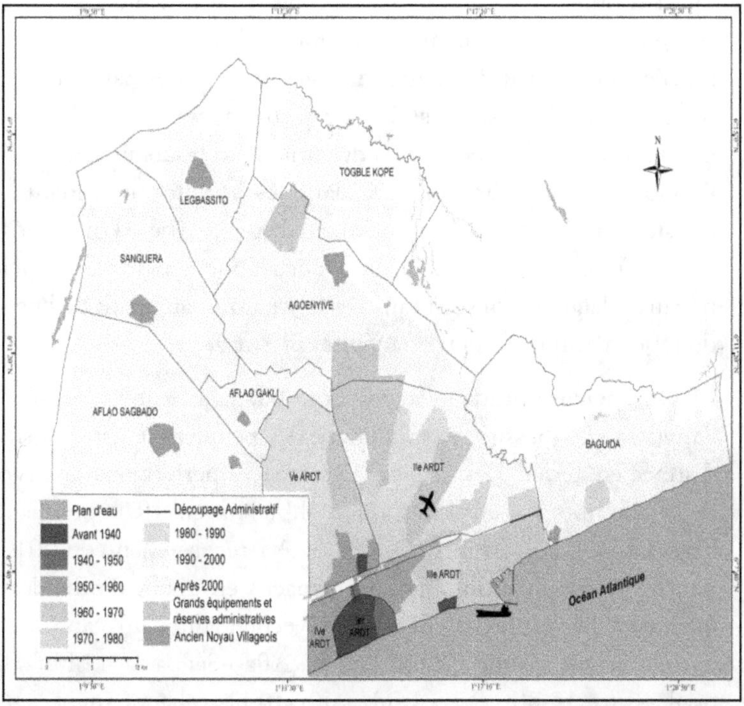

Source : AGETUR-TOGO, 2011, carte réactualisée par K. G. Fagbédji, (2018), p. 98

La carte n°2 montre que l'extension de la ville s'est faite à une cadence soutenue. De 1 400 ha en 1960, elle a atteint 12 000 ha en 1981, soit un taux de croissance de 42 %. En 2010, il est de 22 000 ha et de 35 000 ha en 2016 (INSEED, 2016). La plus forte accélération s'est faite sur 10 ans, entre 1970 et 1980. A cette période, la surface urbanisée a été multipliée par 3 alors que la population n'a que doublé. « Naguère dominé par les activités agricoles, les périphéries de la ville n'ont plus rien des anciens espaces ruraux, mais sont devenus des zones où la ruralité cède rapidement place à l'urbanité » (P. W. Takou, 2016, p. 186).

L'extension se fait dans trois directions principales : le long de la RN°1 au nord (Lomé-Cinkassé), le long de la RN°5 au nord-ouest (Lomé-Kpalimé) et tout au long de la RN°3 à l'est (Lomé-Aného). Ces axes primaires, bitumés et éclairés, sont des voies radiales qui partent du centre-ville en direction des banlieues nord-ouest, nord, nord-est et est. Les projections faites par P. W. Takou (2016, p. 195) montrent que la dynamique se poursuivra au-delà de l'agglomération pour s'étendre dans les localités avoisinantes de Mission Tové, de Tsévié au nord, à Aképé-Noépé à l'ouest et vers Aného à l'est. Le front urbain avance donc à partir des anciens noyaux villageois qui sont sans cesse grignotés au profit de l'habitat du type urbain et de petites activités de survie.

Ces anciens noyaux villageois dont Baguida, Ségbé, Togblékopé, Sanguéra, Lègbassito et Adétikopé se peuplent et se densifient d'année en année. Les densités des espaces périurbains ont évolué de 0,029 hbts/ha en 1960 à 1,24 hbts/ha en 1970 puis à 2,44 hbts/ha en 1981 (INSEED, 2016). Au recensement de 2010, la densité de populations dans les espaces en cours d'urbanisation était de 28,63 hbts/ha. Elle diffère cependant d'un canton à un autre avec par exemple 37 hbts/ha à Aflao-Sagbado, 12 hbts/ha à Sogbossito, 15 hbts/ha à Légbassito, 10 hbts/ha à Sanguéra, 60,9 hbts/ha à Agoènyivé et 114 hbts/ha à Aflao-Gakli (K. G. Fagbédji, 2018, p. 58). Ces territoires anciennement ruraux qui s'urbanisent s'accompagnent de nombreuses contraintes qui lui sont liées, dont principalement le sous-équipement, en l'occurrence l'éclairage public des rues.

2.2. Inégale répartition du réseau d'éclairage public à Lomé

L'observation sur le terrain montre que les périphéries les plus éloignées de Lomé ne bénéficient d'aucun système d'éclairage public. Les équipements nécessaires à ces installations que sont les poteaux électriques et les lampadaires sont très faiblement présents dans ces milieux. Les travaux de K. H. Biakouyé et al (2014, p. 102) montraient déjà que le réseau d'éclairage public à Lomé étaient de 22 907 mètres linéaires (ml), soit 146,839 ml/km² et le centre-ville (quartier administratif, Tokoin, Caisse, Agbalépédogan…) totalisent 13 619 ml, soit 59, 45 % du réseau total. En 2017, ce taux est passé à 61 % en raison de l'extension du réseau par la CEET (K. G. Fagbédji, 2018, p.169). Malgré que l'écart soit réduit, les voiries des espaces périurbains sont toujours marginalisées, au profit de celles du centre-ville (carte n°3).

Carte n°3 : Les rues bénéficiant de l'éclairage public à Lomé

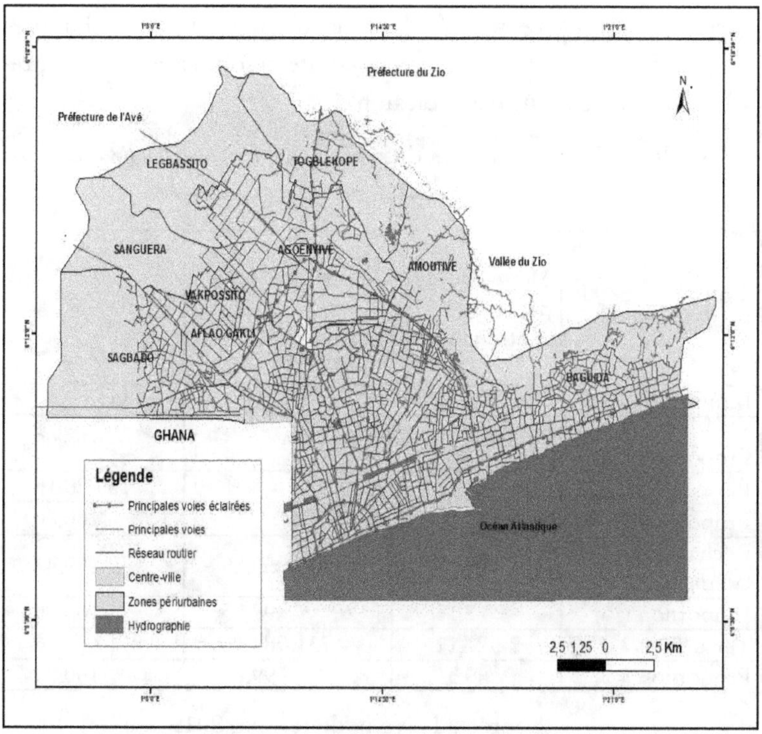

Source : D'après fonds de carte de la CEET, réactualisée par K.G. Fagbédji (2018), p. 146

L'observation de la carte n°3 fait ressortir que le réseau d'éclairage public est dense au centre-ville. Le premier arrondissement est le plus nantis avec un taux de couverture de 96 % (CEET, 2018, p. 55). Cette zone abrite des services comme la Présidence de la République, le Centre Administratif des Services Economique et Financiers (CASEF) et le Palais des Congrès. Les quartiers populaires comme Anfamé et Atiégou dans la commune du Golfe 2 ainsi que Tokoin Gbadago et Totsi dans le Golfe 4 ont des niveaux d'accès moins élevés et une qualité de distribution plus faible : 167 ml pour Anfamé et 134 ml pour Atiégou contre 5 313 ml pour le quartier administratif (CEET, 2018, p. 55). En effet, l'accès à ce service urbain est lié à la présence d'une voie bitumée ou pavée. Or, 65,11 % des voies bitumées sont situées au centre-ville, comme le montre le tableau n°1.

Tableau n°1 : Répartition du type de revêtement des voies dans l'espace urbain

Type de Revêtement	Mètre linéaire de voirie au centre-ville	Mètre linéaire de voirie en périphérie	Total
Bitume	72 903,24	39 064,73	111 967,97
Proportion (%)	65,11	34,89	100,00
Pavé	15 826,13	0	15 826,13
Proportion (%)	100,00	0	100,00
Rechargement latérite	199,52	9 059,89	9 259,41
Proportion (%)	2,15	97,85	100,00
Terre	2 521,11	731 984,06	811 620,76
Proportion (%)	0,31	99,69	100,00

Source : Travaux de terrain, 2019

A l'analyse du tableau n°1, le constat est qu'aucune voie n'est revêtue de pavés dans les périphéries. Les voies existantes sont en terre ou latérites qui sont certes carrossables mais non dotées de poteaux électriques. Les proportions sont respectivement de 97,85

% et de 99,69 % pour les voies en latérite et en terre dans les périphéries. Or, en matière d'éclairage public, les voies bitumées et en pavés sont privilégiées ; ce qui fait que la nuit, le centre-ville est éclairé comme le montre la planche n°1.

Planche n°1 : Eclairage du Boulevard du 13 janvier la nuit

Source : I. Dandonougbo, vue prise en 2019

La planche n°1 montre que le centre-ville est éclairé. La circulation sur le boulevard est facile et sécurisante. Le commerce de nuit est développé à travers les boutiques et magasins. La population traverse en toute quiétude les rues et vaque à ses occupations. Les quartiers du canton d'Agoènyivé et ceux de la zone portuaire sont également bien équipés. Cette concentration est due au fait que, dans ces milieux, se trouvent des services administratifs tels que la Nouvelle Présidence, l'Etat-Major, l'Aéroport et la Brasserie du Benin, les ambassades, les hôtels de référence, le siège des Institutions de la République (Assemblée Nationale) et des sociétés d'Etat à savoir la Caisse Nationale de Sécurité Sociale (CNSS) et TogoCom. La nuit, pour circuler dans les artères des quartiers comme Aflao Sagbado, Baguida, Djagblé, Sanguéra, Ségbé et Lègbassito, les habitants doivent se munir d'une lampe torche à cause de l'obscurité. Si 28 % des enquêtés déclarent être équipés en électricité, ils sont tous situés dans une zone où les rues ne sont pas éclairées. Les quelques lueurs observées proviennent des lampes placées à la devanture des habitations, des restaurants, des étalages et des hauts cadres. Ce déficit est également remarqué sur les grandes artères qui relient ces différents quartiers.

De Ségbé à Sanguéra par exemple, la voie qui relie ces deux quartiers et qui représente plus de 30 % du poids total de l'effectif de la population de Lomé (RGPH4, 2010), ne bénéficie pas de lampadaires. De même, la voie du grand contournement de Lomé qui dessert Agoè, Lègbassito et Noépé à l'ouest, bien que disposant de lampadaires, n'est pas éclairée. Il en est de même pour plusieurs rues destinées à la mobilité intra-urbaine. Toutefois, toutes les périphéries ne sont pas logées à la même enseigne, comme le montre le tableau n°2.

Tableau n°2 : Répartition du réseau d'éclairage public dans les zones périurbaines

Localités	Longueur totale du réseau d'éclairage en mètre linéaire (ml)	Proportions en %
Baguida / Avépozo	4 900	25,40
Ségbé / Klémé	5 111	26,49
Agoè-nyivé / Togblékopé	8 880	46,03
Sanguéra / Lègbassito	400	2,07
Total	19 291	100,00

Source : Travaux de terrain, 2019

Suivant les données du tableau n°2, Agoènyivé et Togblékopé, bénéficient de 8 880 ml de réseau d'éclairage, Ségbé 5 111 ml, Baguida-Avépozo 4 900 ml, soit 25,4 % du réseau des périphéries, et 2 % pour Sanguéra et Lègbassito qui connaissent un taux beaucoup plus faible. Les proportions varient en fonction des localités et de la proximité des secteurs atteints par l'extension du réseau officiel. L'un des points de distribution en électricité de la CEET, se trouvant au port, Baguida-Avépozo présentent un meilleur maillage. Ceci démontre que les infrastructures routières sont importantes à Baguida et la moitié du plan cadastral de la zone a été approuvée par le Ministère de l'Urbanisme. De plus, Agoènyivé et Baguida sont traversées respectivement par la Route

Nationale N°1 (RN°1) et la Route Nationale N°3 (RN°3) qui sont dotées de lampadaires. La zone d'Agoènyivé a également bénéficié de la politique des grands travaux d'infrastructures routières lancée depuis 2006. A Ségbé, la partie banchée au réseau de la CEET l'est grâce au projet PURISE qui a permis l'extension des poteaux électriques le long de l'axe Adidogomé-Ségbé douane et posé huit postes de transformations pour renforcer la puissance du réseau électrique. Ce n'est pas le cas de la périphérie nord-ouest notamment dans ses quartiers extrêmes comme Sanguéra, Kohé et Lègbassito qui sont moins bien desservis. Ces localités qui constituent la limite du front urbain de Lomé vers le Nord-Ouest, sont les milieux non encore équipés. Les trois quarts de ces territoires demeurent dans l'obscurité et sont dominés par le système d'araignée (K. G. Fagbédji *et al*, 2017, p. 68).

A cela, il faut ajouter l'effet d'entraînement du fait que certains quartiers de la ville ont abrité très tôt les équipements et services structurants. C'est le cas de Baguida-Avépozo qui abritent les maisons cossues, les installations hôtelières de haut standing et les quartiers d'habitat planifié comme la cité de la BCEAO, la cité du port et la zone franche. Parfois, avec le recours aux relations, les rues qui desservent les logements des hauts gradés de l'armée et des dignitaires du pouvoir central sont dotées de lampadaires. Ce trafic d'influence explique en partie cette inégalité entre les différentes périphéries et surtout entre les différents secteurs de l'agglomération, d'autant plus que la zone périphérique est considérée d'une manière générale, comme celle abritant des hautes personnalités de l'administration publique ou des grandes sociétés publiques et para publiques, qui peuvent d'une manière ou d'une autre, agir et influencer la mise en place des équipements. Leur rôle et leurs actions dans l'extension des poteaux peuvent se révéler déterminants dans la desserte de certains secteurs de l'agglomération en services et par ricochet, dans l'inégale répartition des ressources urbaines à l'échelle des périphéries, même si ces actions profitent à leurs voisins et aux riverains.

Avec l'accélération du processus d'éclairage sélectif des rues, particulièrement visible à la veille des élections présidentielles, certaines rues de la périphérie nord-ouest et certains secteurs de Ségbégan et de Zossimé bénéficient d'éclairage public. Ceci démontre que même dans les périphéries, il existe une disparité entre les espaces qui sont proches du centre-ville et ceux qui sont situés dans les périphéries éloignées d'un axe routier qui sont des laissés pour compte. Ces difficultés d'accès au réseau d'éclairage public traduisent une inégalité de traitement des populations dans l'accès à ce service. Au-delà de la banlieue, les rues qui desservent les logements ne disposent pas de lampadaires pour l'éclairage. Plus on est éloigné du centre-ville, plus la chance est réduite d'avoir accès au réseau officiel d'électricité et encore moins à l'éclairage public, même si l'on participe au financement de l'extension du réseau et au paiement de la redevance éclairage public.

2.3. Acteurs et mécanismes d'extension du réseau d'éclairage public

Cette section analyse les mécanismes d'accès à l'éclairage public et les acteurs qui y sont associés. La répartition des équipements électriques à Lomé est inégale. Le taux d'électrification des périphéries urbaines de Lomé est de 26 % (K. G. Fagbédji, 2018, p. 237). Cette répartition émane du choix de la politique publique de l'universalisation des services électriques. Les critères utilisés privilégient certaines zones au détriment des quartiers populaires et périphériques. Au Togo, la distribution de l'éclairage public est assurée par la CEET, tel que défini dans le code bénino-togolais de l'électricité, conclut le 27 juillet 1968. A travers un appel d'offres ouvert, la compagnie confie la construction, l'exploitation et la maintenance des réseaux d'éclairage public à des entreprises privées. A partir de 2011, compte tenu des difficultés financières rencontrées par la CEET, le pouvoir public a institué la redevance éclairage public de 1 F CFA sur chaque consommation de kilowattheure. Cette redevance est prélevée sur les factures électriques de tout abonné qu'il réside au centre-ville ou à la périphérie. La collecte de ces fonds est destinée à accompagner les collectivités territoriales dans le paiement des factures d'éclairage public, à faire les extensions dans les quartiers de chaque ville, et à faire la maintenance des lampadaires et infrastructures. Le CGREP a été mis en place pour gérer ce fonds. Il est constitué des représentants de la CEET, de l'ARSE, du MME et des collectivités locales. En 2017, la redevance est passée à 5 F CFA. En dépit de cette augmentation, les voies des périphéries, comme Sanguéra et Lègbassito, ne bénéficient d'aucun éclairage la nuit. Les abonnés de ces localités paient, au même titre que leurs concitoyens du centre-ville, les mêmes taxes. Lors de nos enquêtes à Sanguéra Afiadényigan, une revendeuse de produits congelés et divers s'est plaint de cette « injustice spatiale » :

> Le service des impôts nous harcèle pour le payement des impôts, la CEET nous facture 5 F CFA/kWh, alors que rien n'est fait pour nous dans le quartier. Même le courant nous n'avons pas. Nous utilisons le système l'araignée pour avoir le courant. Les problèmes de ce système sont connus de tous : délestage sur délestage et tous mes poissons sont pourris. Comment faire pour payer les taxes et nourrir mes enfants ?

L'Office Togolais des Recettes, dans ses prérogatives de collecter les taxes sur toute l'étendue du territoire, collecte les impôts auprès des commerçants qui sont dans les périphéries de Lomé. Ces taxes sont fixées chaque année dans la loi des finances et s'impose à tout citoyen. Or, les rues des quartiers périphériques ne sont pas prises en compte dans la définition des critères de sélection des espaces à électrifier. En effet, les localités à électrifier sont caractérisées selon des critères qui tiennent compte de la situation du réseau électrique, du niveau des infrastructures, de la densité de la population et du statut administratif :

- Situation du réseau électrique

Les localités sont classées en fonction de leur distance par rapport au réseau électrique moyenne tension. Celles qui sont les plus proches du réseau sont favorisées.

- Niveau local des infrastructures

Les localités qui bénéficient déjà d'infrastructures de développement sont privilégiées. On recherche notamment la présence d'unités agro-industrielles, de centres de santé, d'établissements éducatifs, de téléphonie rurale et d'adduction d'eau.

- La densité de la population et le statut administratif

La taille de la population et le statut administratif de la localité servent à faire un premier tri des localités à électrifier. La CEET retient le critère le plus pertinent en fonction des objectifs locaux d'électrification et de la politique énergétique nationale. Cependant, la programmation définitive se fait à partir de critère économique qui synthétise plusieurs paramètres. Deux approches sont adoptées, notamment la planification de type classique et la classification multi factorielle.

- La planification de type classique

Une première liste de localités à électrifier est établie en plaçant en première priorité les localités ayant la plus forte valeur du critère de rentabilité retenu. Ce sont en général celles qui sont le plus proche du réseau Moyenne Tension et ayant un bon potentiel de consommation d'énergie électrique. Le développement du réseau électrique nécessaire au raccordement de ce premier lot de localités rapproche nécessairement de nouvelles localités du réseau. Ces nouvelles localités constituent la liste de la deuxième priorité. On planifie ainsi de proche en proche, l'électrification de l'ensemble des localités de la ville en constituant des listes placées en priorité.

- La planification multi sectorielle

La planification multisectorielle ne prend pas en compte uniquement des paramètres purement électriques mais également de la présence ou non d'infrastructures de développement ainsi que l'appartenance à une zone à forte potentialité agricole ou industrielle.

Quelle que soit l'approche adoptée, les programmations annuelles se font en fonction des budgets alloués aux extensions, des contraintes d'équilibre régional et éventuellement des directives sociopolitiques. Les critères retenus sont préjudiciables de facto aux localités périphériques. Le statut administratif est le seul critère sur lequel elles peuvent se targuer d'un quelconque droit et là encore, il faut avoir un baron du pouvoir dans la zone. En effet, 25 % des interviewés ont évoqué des détournements de poteaux électriques de leurs milieux au profit d'autres localités où habitent des personnalités du pouvoir public. Officiellement, aucune raison n'est évoquée. En réalité, les observations faites portent à croire que l'accès à l'éclairage public est le fruit de l'accès à une voie bitumée ou, mieux à la proximité avec le logement d'une personnalité du pays. Ce problème est également rencontré dans les autres capitales ouest-africaines comme Cotonou, Abidjan et Dakar où les sites initiaux retenus sur les projets ont été changés lors de la phase d'exécution (BM, 2008). Ces pratiques remettent en cause les critères objectifs fixés et accentuent les disparités spatiales d'accès aux services urbains qui ne profitent qu'à une tranche faible de la population.

3. Discussion

Au regard de la vitesse de l'étalement des périphéries de Lomé, les équipements électriques nécessaires pour la mise en place des lampadaires peine à suivre le rythme élevé d'urbanisation de la ville. Ce constat a été également fait par Y. Dziwonou (2000, p. 210-215), K.G. Nyassogbo (2010, p.106-121) ; F. Hétchéli (2017, p. 251-277) et autres dans leurs travaux sur les problèmes fonciers et de sous-équipement des quartiers périphériques de Lomé. Ces auteurs sont unanimes que la disparité d'accès à l'électricité dans les périphéries urbaines est liée au laxisme des pouvoirs publics, à l'urbanisation anarchique de la ville de Lomé qui évolue à un rythme plus rapide que les prévisions de l'Etat.

Dans les espaces périurbains de Lomé, en raison de la non-maîtrise du foncier et de l'absence d'un plan d'aménagement, les rues traversent les îlots de manière anarchique, sans respect des règles d'urbanisme et les canalisations mal faites. Tout ceci influence la répartition des équipements électriques, puisque la programmation d'extension du réseau de la CEET est conditionnée par l'existence d'une voirie primaire, l'approbation de la zone et surtout par le budget d'investissement de la CEET. Les zones comme Sanguéra, Lègbassito et Ségbé n'ont pas encore un plan approuvé. Les collectivités locales n'ont pas approché les services d'urbanisme pour procéder au lotissement avant la vente de leurs propriétés foncières. D'un autre côté, l'Etat à travers ses services techniques, n'a pas pu anticiper l'installation des populations, en raison des difficultés techniques et financières. Le même constat est fait par les auteurs, dont K. G. Nyassogbo (2010, p. 106-121) et K. H. Biakouyé *et al* (2014, p. 105) qui ont étudié de façon assez détaillée l'accès à l'électricité dans les espaces périphériques de Lomé et confirment ce fait. La logique du fournisseur universel voudrait que la rue soit à proximité d'un grand axe routier sur lequel existent des lampadaires, avant de prétendre à l'éclairage public. Or, depuis 10 ans, le budget de la CEET est déficitaire ; ce qui justifie que les extensions sont rares. Les extensions faites les cinq dernières années à Lomé, l'ont été grâce aux projets PURISE, PRISET et PEREL[8] financés par les partenaires techniques et financiers, en l'occurrence la Banque mondiale. L'analyse sur la logique du fournisseur universel a été menée par S. Jaglin, (2012, p. 51-67) au Burkina Faso et F. Pilo' (2016, p. 1-8) à Rio de Janeiro. Ces auteurs soutiennent aussi que la fourniture des services essentiels (eau, électricité, télécommunication, ...) se heurte, dans les villes

---

[8] PURISE : Projet d'urgence de réhabilitation des infrastructures et des services électriques.
PEREL : Projet d'Extension du Réseau Electrique de Lomé.
PRISET : Projet de réformes et d'investissement dans le secteur électrique au Togo.

africaines, aux difficultés de l'universalisation du réseau qui est un modèle hérité de la colonisation. Ce système repose sur le modèle du réseau conventionnel, ensemble d'équipements interconnectés, planifiés et gérés de manière centralisés par un opérateur unique (A. Maria, 2007, p. 127 ; O. Coutard, 2010, p. 273). Dans bien des cas, les contraintes liées d'abord à la nature et au rythme de la croissance urbaine elle-même, ensuite à d'autres formes de pesanteurs et d'exigences, (contrainte financières, institutionnelles, politiques, structurelles) font que les actions menées débouchent sur des situations dans lesquelles une large part des citadins est privée de son « droit à la ville » (H. Lefèbvre, 1967, p. 1-2). Ce fait est également souligné par Ph. Gervais-Lambony et F. Dufaux, 2009, p. 3-15) qui dénoncent la logique de fournisseur unique et prônent une gestion basée sur une approche participative qui passe par la décentralisation.

A ces problèmes de choix politiques, s'ajoutent d'autres difficultés d'ordre technique et énergétique pour assurer l'alimentation des lampadaires. En effet, le solde de l'approvisionnement en énergie électrique du Togo provient des importations de la Volta River Authority (VRA) du Ghana et de la Compagnie Ivoirienne d'Electricité (CIE) de la Côte d'Ivoire qui connaissent ces dernières années des difficultés liées à la production. Ces importations sont estimées à 505 GWh sur un approvisionnement total de 726 GWh en 2005, soit une part de 70 %. En 2008, ce taux est de 76 % avec une consommation de 672 GWh, dont 515 étaient importés du Ghana et de la Côte d'Ivoire.

Cette forte dépendance vis-à-vis de l'extérieur fait que la CEET n'arrive pas toujours à combler la demande nationale qui est sans cesse croissante. Par conséquent, le peu d'énergie disponible est destinée aux zones industrielles au détriment de l'éclairage des lampadaires. L'installation des lampadaires solaires peut être un début de solution. Cette approche est partagée par B. Pillot (2014, p. 199-205), dans sa thèse portant sur la planification décentralisée de l'électricité au Djibouti, qui a montré que les technologies de production d'énergie renouvelable qui permettent un approvisionnement électrique de plus en plus efficient à partir de systèmes hors-réseau et de petites infrastructures alimentant des mini-réseaux doivent être des voies à privilégier en Afrique. C'est également l'avis de C. Heuraux (2011, p. 153-154) qui prône le recours aux énergies renouvelables comme une piste sérieuse pour réduire la fracture énergétique, basée sur un meilleur cadre institutionnel et juridique, une meilleure planification des politiques publiques en la matière, afin de susciter l'intérêt des investisseurs potentiels.

Conclusion

Le processus d'éclairage public des quartiers se fait suivant l'étalement progressif à partir du du centre-ville vers le nord, l'est et le nord-ouest par rapport aux principaux axes de communication qui déterminent l'orientation générale de l'extension et le sens d'évolution d'ensemble de la ville. A cet effet, le territoire communal est relativement mieux équipé que celui de Lomé extra-muros avec ses quartiers périphériques. Le déséquilibre entre les deux territoires urbains est assez patent, et traduit l'expression plus ou moins nette de la ville duale : d'un côté, la ville ou le territoire urbain à niveau d'équipement et de desserte moyen voire relativement éclairé, et de l'autre, un territoire urbain faiblement équipé qui baigne dans le noir les nuits. L'article a montré que le rythme d'évolution spatiale de la ville face à une possibilité limitée de desserte des périphéries est une cause de l'inégalité d'accès à l'éclairage des rues de Lomé.

La périphérie nord principalement une partie du sud d'Agoènyivé et la bande littorale de la périphérie orientale à Baguida et à Avépozo sont relativement mieux équipées (46 % et 25 %) que les autres périphéries (2 % pour Sanguéra et Lègbassito) et leurs populations relativement mieux favorisées que les autres. L'inégal accès des espaces urbains de Lomé à l'éclairage public illustre une injustice spatiale car tous les abonnés de la CEET, bénéficiant ou pas de l'éclairage public, paient la redevance éclairage public. Les fonds collectés par le CGREP servent à financer la maintenance des anciens lampadaires et l'éclairage des périphéries où résident les autorités administratives et politiques. La mise en place des lampadaires solaires et la prise en compte des abonnés habitants les zones bénéficiant de l'éclairage public sont des approchés de solutions à envisager, pour atténuer cette inégalité qui s'apparente à une injustice spatiale.

Références bibliographiques

ARDILLY Pascal, 1994, *Les techniques de sondage*, Édition Technip, Paris, 341 p.

AGENCE INTERNATIONALE DE L'ENERGIE, 2017, *Perspectives énergétiques mondiales*, Rapport annuel, OCDE/AIE, Paris, 17 p.

BANQUE MONDIALE, 2008, *La crise de l'électricité en Afrique : Explication des paradoxes, perspectives économiques régionales en Afrique subsaharienne*, Fonds Monétaire International, Washington DC, 27 p.

BANQUE MONDIALE, 2018, *Réseau du développement durable : Stratégie énergétique du Groupe de la banque mondiale synthèse sectorielle.* Banque Mondiale, New York, 14 p.

BIAKOUYE Kodjo Honoré, 2014, *Lomé au-delà de Lomé : étalement urbain et territoires dans une capitale d'Afrique sub-saharienne*, Thèse de doctorat de Géographie, Université de Lomé, Lomé, 421 p.

BIAKOUYE Kodjo Honoré, MUSSET Alfred, NYASSOGBO Kwami Gabriel, 2014, « Services urbains, territorialisation des politiques urbaines et justice spatiale », In : GERVAIS-LAMBONY Ph., BENIT-GBAFFOU C., PIERMAY J-L, MUSSET A., PLANEL S., (ss la dir), *La justice spatiale et la ville : Regards du Sud*, Karthala, Paris, p. 97-112.

BOTTON Sara, 2006, « L'accès à l'eau et à l'électricité dans les pays en développement : Comment penser la demande ? », Idrri n°06/2006 Entreprises et biens publics, Paris, 125 p.

COMPAGNIE ENERGIE ELECTRIQUE DU TOGO, 2016, Rapport annuel, Compagnie Energie Electrique du Togo, Lomé, 66 p.

COMPAGNIE ENERGIE ELECTRIQUE DU TOGO, 2017, Rapport annuel, Compagnie Energie Electrique du Togo, Lomé, 65 p.

COMPAGNIE ENERGIE ELECTRIQUE DU TOGO, 2018, Rapport annuel, Compagnie Energie Electrique du Togo, Lomé, 64 p.

COUTARD Olivier, 2010, « Services urbains : la fin des grands réseaux ? », In : COUTARD O., LÉVY J.-P. (dir.), *Écologies urbaines. État des savoirs et perspectives*, Économica-Anthropos, coll. « Villes », Paris, 372 p.

DZIWONOU Yao, 2000, *Croissance urbaine et mécanismes fonciers : Contribution à l'établissement d'une géomatique cadastrale : le cas de la ville de Lomé*, Thèse de doctorat d'Etat, département de Géographie, Lomé, 579 p.

FAGBEDJI Kodjo Gnimavor, 2018, *Croissance urbaine et difficultés d'accès à l'électricité dans les espaces périurbains de Lomé au Togo,* Thèse de doctorat unique de Géographie urbaine, urbanisme et aménagement, Université de Lomé, Lomé, 309 p.

FAGBEDJI Kodjo Gnimavor, HETCHELI Follygan, DANDONOUGBO Iléri, 2017, « Electrification de Lomé et de ses périphéries : disparités et adaptation des populations », In : *Revue Ivoirienne de Géographie des Savanes*, numéro 2, Bouaké, p. 62-76.

FAVENNEC Jean Paul, 2009, « Energie en Afrique du Sud », In : *Energy for Africa,* Association pour le développement de l'énergie en Afrique (ADEA), numéro 5, Paris, p. 14-17.

GERVAIS-LAMBONY Phillippe et DUFAUX Frederic, 2009, « Justice spatiale », In : *Annales de géographie,* n° 665-666, Paris, p. 3-15.

HETCHELI Follygan, 2017, « Vente et spéculation foncière dans les cantons périphériques de la commune de Lomé (Togo) : vers une crise de l'agriculture périurbaine », In : *Revue CAMES*, Ouagadougou, p. 251-277.

HEURAUX Christine, 2011, L'électricité au cœur des défis africains. Afrique contemporaine 1/201, n°237, Karthala, Paris, p. 153-154.

INSTITUT NATIONAL DES STATISTIQUES, DES ETUDES ECONOMIQUES ET DEMOGRAPHIQUES (INSEED), 2016, Perspectives démographiques du Togo 2011- 2031, Lomé, 54 p.

JAGLIN Sylvy, 2012, « Services en réseaux et villes africaines : l'universalité par d'autres voies? », In : *L'Espace géographique* (Tome 41), Paris, p. 51-67.

LE BRIS Emile, 1993, « Ville irrégulière, ville non maîtrisée », In : *Afrique Contemporaine* n° 166, Kartala, Paris, p. 218-230.

LEFEBVRE Henri, 1967, *Le Droit à la ville*, Paris, Anthropos, 153 p.

MARGUERAT Yves, 1986, *Dynamique sociale et dynamique spatiale d'une capitale africaine : les étapes de la croissance de Lomé*, ORSTOM, Lomé, 27 p.

MARIA Augustin, 2007, *Quels modèles techniques et institutionnels assureront l'accès du plus grand nombre aux services d'eau et d'assainissement dans les villes indiennes ?* Thèse de doctorat en Sciences économiques, Université Paris Dauphine, Paris, 272 p.

MINISTERE DE L'URBANISME ET DE L'HABITAT, 2015, *Stratégie de développement urbain du Grand Lomé (SDAU),* Rapport diagnostic, vol.1, Mairie de Lomé, Lomé, 273 p.

MINISTERE DES MINES ET DES ENERGIES, 2018, *Stratégie d'électrification du Togo*, Lomé, 10 p.

NYASSOGBO Kwami Gabriel, 2010, « Les contraintes de l'étalement urbain ou l'absence de politique urbaine dans les villes du Togo : l'exemple de Lomé », In : *Ahoho*, Revue de Géographie du LARDYMES, n°5, Lomé, p. 106-121.

PILLOT Benjamin, 2014, *Planification de l'électrification rurale décentralisée en Afrique subsaharienne à l'aide de sources renouvelables d'énergie : le cas de l'énergie photovoltaïque en République de Djibouti*, Thèse de doctorat en sciences de l'Environnement. Université Pascal Paoli, Corse, 263 p.

PILO' Fransceca, 2016, *Rio de Janeiro, ville (inégalement) branchée ? Service d'électricité et divisions de l'espace urbain*, Métropolitiques, Paris, 8 p.

RAWLS John, 1987, *Théorie de la justice*, Editions du Seuil, Paris, 666 p. URL : http://www.metropolitiques.eu/Rio-de- Janeiro-ville-inegalement.html.

TAKOU Paroussié Wiyao, 2016, *Modélisation prospective de la ville de Lomé : Dynamique des paysages, scénarios prospectifs et simulation spatiale*, Thèse de doctorat de Géographie, Université de Lomé, Lomé, 298 p.

ZANINETTI Jean-Marc et MARET Isabelle (dir.), 2008, *Étalement urbain et ville fragmentée à travers le monde*, Orléans, Acte du colloque Étalement urbain et ville fragmentée à travers le monde, des théories aux faits (26-28 septembre 2007), Presses Universitaires d'Orléans, Orléans, 256 p.

CHAPITRE 3

Innovations et logiques dans l'activité de transport sur le Corridor Abidjan-Lagos

B. Jaurès KOUIN
Université d'Abomey-Calavi

Résumé : Le développement de la technologie a propulsé la quasi-totalité des secteurs d'activités dans la numérisation qui a favorisé leur croissance de manière faramineuse avec l'optimisation des bénéfices. L'activité de transport et la libre circulation des personnes et des biens sur le corridor Abidjan - Lagos constituent une préoccupation majeure qui cristallise les décideurs lors des débats sur l'intégration régionale considérée comme le point nodal du développement de l'espace CEDEAO. Une analyse heuristique des comportements des acteurs laisse découvrir les enjeux liés aux innovations qu'ils cherchent à contrôler à travers des rationalités et des stratégies qu'ils émettent dans la mise en œuvre des mécanismes visant à faciliter le transport routier sur l'axe Abidjan- Lagos. Ainsi, les camionneurs, les voyageurs et les forces de l'ordre s'engagent dans des jeux de pouvoir marqués par des relations à la fois coopératives et conflictuelles pour la préservation des intérêts particuliers. Ce papier restitue une enquête qui a pour objectif d'identifier les logiques et les innovations dans l'activité de transport sur le corridor Abidjan - Lagos.

Mots clés : Activité de transport- Logiques – innovations – libre circulation – Corridor.

Abstract: This paper restores an investigation which aims to identify the innovations and logics in the transport activity on the Abidjan - Lagos corridor. Indeed, the development of technology has propelled almost all sectors of activities in digitization which has fostered their growth in staggering way and the profits' optimization. The activity of transport and the free movement of people and goods on the Abidjan - Lagos corridor is a major concern which crystallizes the actors during the debates on regional integration considered as the nodal point of the development of the ECOWAS space. A heuristic analysis of the actors' behaviors reveals the challenges linked to the innovations that they seek to control through the rationalities and strategies they emit in the implementation of mechanisms which aim to facilitate road transport on the Abidjan-Lagos axis. Thus, truckers, travelers and law enforcement engage in power games marked by relationships that are both cooperative and conflictual for the preservation of special interests.

Keywords: Transport activity, logics, innovations, free movement, corridor.

Introduction

Le développement de la technologie a propulsé la quasi-totalité des secteurs d'activités dans la numérisation qui a favorisé leur croissance de manière faramineuse et l'optimisation des bénéfices. Dans les pays industrialisés, la technologie a révolutionné le secteur du transport avec une gamme variée d'innovations, ce qui suscite l'interrogation sur l'état du transport routier dans les pays en développement comme ceux de l'Afrique de l'ouest. L'activité de transport et la libre circulation des personnes et des biens constituent une préoccupation majeure qui cristallise les décideurs lors des débats sur l'intégration régionale considérée comme le point nodal du développement de l'espace CEDEAO. En contribuant fortement à l'intégration politique et économique des Etats ouest africains, le transport routier apparaît comme une activité qui renforce leur développement communautaire dans une approche de solidarité agissante. *Cetris paribus*, l'activité de transport apparaît comme un élément structurant de la régionalisation de l'Afrique de l'Ouest qui évolue dans un contexte économique, politique et social marqué par une instabilité et une incertitude patente (Hassan Maman Abdo, 2016). A terme, cette régionalisation vise à mettre en place, de façon pérenne, un processus endogène de territorialisation et d'attractivité susceptible de propulser l'intensification du commerce intracommunautaire et la création d'un climat d'affaires favorable. Partant, à l'ère du numérique et de la digitalisation, l'investissement dans les innovations de transport routier s'impose comme un défi que doivent relever les décideurs des Etats ouest-africains. Norbert Alter (2000) relève que « les hommes politiques eux-mêmes affirment aujourd'hui vouloir innover, cette affirmation leur permettant de se placer du côté du progrès économique, social, et de la créativité institutionnelle ». Les réformes et les innovations pour la réduction des coûts et le renforcement de la concurrence dans les services de transport et de logistique deviennent aujourd'hui des objectifs à atteindre. Les innovations et le développement des infrastructures routières favoriseront la fluidité du transport qui rapproche les marchés des zones de production de celles de consommation. *In hoc sensu*, les pays enclavés de la sous-région qui connaissent à la fois d'importants déséquilibres commerciaux, avec des ratios exportations-importations très inférieurs et une dépendance excessive au transport routier sortiront de leur inaccessibilité. Le rapport de la Commission Economique pour l'Afrique des Nations Unies (2015) souligne, à cet effet, que le transport routier supporte l'essentiel des flux estimés environ à 80% des échanges extérieurs en transit à partir des ports et plus de 90% des échanges intra-régionaux en Afrique de l'Ouest qui a de fortes potentialités. En effet, l'Afrique de l'Ouest a une superficie de 6 140 178 km2, avec une population estimée en 2014 à 326 220 000 habitants qui croît au rythme de 2,5% par an. Le produit intérieur brut de ses quinze États s'élève à 677 milliards $US (CEDEAO, 2014). De ce fait, la mise en place des infrastructures routières et des innovations deviennent une urgence du développement de l'activité de transport routier avec une amélioration sensible de la fluidité du trafic le long du corridor Abidjan Lagos et de l'accès au marché mondial. En tant qu'activité, le transport routier appartient à la catégorie de la mobilité qui a retenu l'attention des chercheurs dans les années 1950 après les travaux de Piritim Sorokin (1927) pour qui la mobilité sociale intègre le phénomène de déplacement d'individus dans l'espace social. Dans le quotidien des individus qui se déplacent par le transport routier qu'il soit commun ou singulier, on note des comportements, des gestes et des rationalités que ces derniers émettent pour tirer profit de leur activité. On se rend, *in hoc senso*, à l'évidence que le transport routier se révèle comme une activité humaine qui mobilise des processus sociaux chez les acteurs imbibés de rationalité et de pratiques de ritualisation profanes ou sacrées articulées à la fois sur le mode de vie et le mode de production. Comme le soulignent Anne Gotman et Henri

Raymond (1982) « le statut sociologique de l'usager prend corps à travers ce que nous avons appelé la compétence de l'usager à se transporter et qui se manifeste à la fois par sa présence (et non son absence) et une rationalité propre ». Partant des travaux de Max Weber (1986, 1989) et de Raymond Boudon (1996) sur les différentes formes de rationalités, la présente recherche s'est évertuée à identifier les innovations introduites dans le transport routier et les logiques qui émergent à l'occasion de cette activité le long du corridor Abidjan -Lagos à partir des comportements et des stratégies des acteurs impliqués. Pour y parvenir, nous avons articulé la question de recherche ainsi qu'il suit : comment peut-on apprécier l'activité de transport le long du corridor Abidjan- Lagos à partir des innovations et les logiques des acteurs ? A cette question, nous avons émis l'hypothèse suivante : des innovations et des logiques sous-tendent l'activité de transport sur l'axe Abidjan – Lagos. L'objectif de la recherche est d'identifier les innovations et les logiques qui soutiennent l'activité de transport sur le corridor Abidjan - Lagos. De façon spécifique, il est question d'une part d'élucider les innovations introduites dans l'activité de transport routier sur le corridor Abidjan – Lagos et d'autre part, d'identifier les logiques qui sous-tendent les comportements et rationalités des acteurs. Ce papier restitue une enquête effectuée à la station de Grand Bassam (Côte d'Ivoire) Sêmê – Kraké (Bénin). Pour interpréter et analyser les données recueillies, nous avons utilisé comme références théoriques le paradigme de l'innovation de Joseph Aloïs Schumpeter (1934) et d'Eric Von Hippel (1998), la sociologie de l'innovation de Norbert Alter (2000), l'interactionnisme symbolique d'Herbert Blumer (1969) et d'Erving Goffman (1963) et l'analyse stratégique de Michel Crozier et Erhard Friedberg (1977) et de Philippe Bernoux (1995).

1. Démarche méthodologique de la recherche

Dans le cadre de notre recherche, la population d'étude composée des agents de sécurité, des douaniers, des économistes de transport, des ingénieurs de transport, des ingénieurs des travaux publics, des experts des institutions de financement des infrastructures routières, des employés du bureau régional de l'Organisation du Corridor Abidjan-Lagos, les transporteurs, les camionneurs, les passagers et les autres usagers du transport routier.

L'échantillonnage a été réalisé sur la base de la technique de quota et de choix raisonné. Ainsi, c'est sur la base de la mixité de ces deux techniques que nous avons sélectionné quatre échantillons en tenant compte du critère de la représentativité par catégorie d'acteurs avec un quota de 70 à 75 % des effectifs. Pour réaliser l'enquête, nous avons utilisé l'entretien directif, l'interview, l'observation et la recension des écrits. Les données ont été collectées au moyen d'un guide d'entretien, d'une grille de lecture et d'une grille d'observation. La transcription, la saisie et le traitement des données collectées ont été faits à l'ordinateur.

A partir des observations *in situ* et des réponses données par nos enquêtés aux questions qui leur ont été posées sur le terrain, nous avons pu identifier les innovations introduites dans le transport routier et les logiques sous-jacentes aux rationalités des acteurs qui structurent « le système d'action concret » de l'activité de transport routier sur l'axe considéré.

Le paradigme de l'innovation et la sociologie de l'innovation ont servi de références théoriques pour analyser les données relatives aux innovations dans l'activité du transport routier sur le corridor Abidjan – Lagos. En effet, dans ses productions sur le développement de l'économie, J. A. Schumpeter (1934) relève que le fondement et le ressort de la dynamique de l'économie sont l'innovation et le progrès technique. Il a fait du progrès scientifique et des innovations la théorie de l'essor économique. Selon lui, le progrès technique est au cœur de l'économie et les innovations apparaissent en essaims. D'un point de vue différent, Eric Von Hippel (1998) aborde la question en mettant l'accent sur ses sources et ses fonctions sociales et économiques. Pour le chercheur américain, l'innovation peut procéder de plusieurs sources avec autant de fonctions :

> "Novel ways of categorizing innovators are only interesting if they open the way to new insight. The first clue that the functional source of innovation is a potentially exciting way to categorize innovators comes with the discovery that the source of innovation differs very significantly between categories of innovation". (E. V. Hippel, 1998, p.4).

La sociologie de l'innovation conçoit l'innovation comme un processus social quotidien, imprégné de normes et de croyances (N.

Alter (2000). En effet, ce paradigme construit l'innovation selon un aspect atypique : l'innovation est conçue comme un facteur d'accélération de la dynamique économique et sociale, produisant des capacités d'adaptation et de mobilisation, mais aussi des conflits entre acteurs, institutions et individus. L'innovation pose ainsi centralement la question de la coopération, de la négociation, du conflit et de la déviance (Norbert Alter, 2002). Il est alors question dans cette enquête de reproduire les innovations qui ont marqué le secteur du transport routier en Afrique de l'ouest et celles qui sont attendues comme défis à relever au regard des déterminants sociaux, culturels, économiques et politiques.

De plus, le transport routier sur le corridor Abidjan – Lagos met en jeux les pouvoirs et les rationalités des acteurs constitués par les agents de la sécurité publique en service aux points de contrôle sur l'axe routier, les camionneurs à bord des véhicules, les propriétaires des camions, les chauffeurs, les passagers, les commerçants avec leurs marchandises. Le pouvoir ici est relationnel et non un attribut c'est-à-dire ancré chez l'individu. « *Le pouvoir, en effet, n'existe pas en soi. La relation de pouvoir ne s'établit que si les deux parties s'intègrent au moins temporairement dans un ensemble organisé* » *(M.* Crozier 1963*).* Dans la même veine, Erhard Friedberg, (1992) fait noter que le pouvoir est une relation de dépendance, réciproque, déséquilibrée et non transitive. Ainsi, les jeux de pouvoirs dans le cas d'espèce se manifestent dans les relations coopératives parfois conflictuelles que les catégories d'acteurs entretiennent entre eux. A travers les comportements des acteurs observés, on constate l'émergence de plusieurs jeux de pouvoirs : jeux d'autonomie, jeux d'opacité/transparence, jeux de valorisation/dévalorisation, jeux d'évitement des responsabilités, jeux du refus de changement technologique, jeux d'accusation réciproque etc. rappelons à la suite de Erhard Friedberg (1993) que dans ces jeux stratégiques et pour « gagner » dans certains domaines, les acteurs acceptent parfois de « perdre » dans d'autres domaines. Ces jeux de pouvoirs concrétisent les relations entre les acteurs et donnent un sens au système d'action concret du transport routier sur le corridor. Il s'est agi de comprendre davantage comment et pourquoi le programme de facilitation de la libre circulation des personnes et biens via le transport routier devient un espace d'émergence des relations et des interactions entre les acteurs qui développent des stratégies pour résister aux contraintes de la logique qui sous-tend le programme. En s'appuyant sur les travaux d'Erhard Friedberg (1993), on pourra dire que l'analyse stratégique part du constat qu'étant donné qu'on ne peut considérer que le jeu des acteurs soit déterminé par la cohérence du système dans lequel ils s'insèrent, ou par les contraintes environnementales, on doit chercher en priorité à comprendre comment se construisent les actions collectives à partir de comportements et d'intérêts individuels parfois contradictoires. Les interactions entre les différents acteurs ont été appréciées et analysées dans le sens des travaux de Herbert Blumer (1969, p. 2) qui écrit que

> « Symbolic interactionism rests in the last analysis on three simple premises. The first premise is that human beings act toward things on the basis of the meanings that the things have for them. Such things include everything that the human being may note in his world—physical objects, such as trees or chairs; other human beings, such as a mother or a store clerk; categories of human beings, such as friends or enemies; institutions, as a school or a government; guiding ideals, such as individual independence or honesty; activities of others, such as their commands or requests; and such situations as an individual encounters in his daily life. The second premise is that the meaning of such things is derived from, or arises out of, the social interaction that one has with one's fellows. The third premise is that these meanings are handled in, and modified through, an interpretative process used by the person in dealing with the things he encounters ».

On retient dans le cadre de l'enquête sur le corridor Abidjan – Lagos que les acteurs agissent en considérant le sens que les choses ont pour eux ; un sens qui dérive des interactions de chacun avec l'autre. C'est dans un processus d'interprétation mis en œuvre par chacun dans le traitement des objets rencontrés que ce sens est manipulé et modifié. Le programme devient un enjeu pour les acteurs qui modulent leurs comportements, leurs actions en fonction des profits qu'ils en tirent. Les individus inscrivent leurs conduites dans une dimension « symbolique » c'est-à-dire qu'ils interagissent et attribuent à leurs gestes respectifs des valeurs et des significations suivant bien des logiques.

2. La nature des corpus analysés

L'enquête a été réalisée pour recueillir des données sur les innovations enregistrées dans le transport routier sur l'axe Abidjan – Lagos favorisé par le programme de facilitation de la libre circulation des personnes et des biens. La construction des infrastructures routières modernes initiée par le programme de facilitation a permis des initiatives qui ont abouti à des innovations au regard des informations collectées. Ces innovations obéissent à des logiques qui concourent à un meilleur trafic routier avec des optimisations de bénéfices chez les différentes catégories d'acteurs impliqués dans l'activité de transport qui donne lieu à des jeux de pouvoirs soutenus par des stratégies qui s'inscrivent dans la dynamique de contrôle et de sauvegarde des intérêts.

2.1. *Les innovations dans l'activité de transport routier sur le corridor*

Rappelons à la suite de Philippe Geslin (2002, p.2) que « les transferts de technologies dans leur forme actuelle sont des objets de recherche et d'intervention anthropologiques dont, à quelques exceptions près, on parle peu aujourd'hui à l'intérieur des sciences sociales ». C'est pour rompre avec cette léthargie scientifique que nous avons jugé utilement nécessaire d'investiguer sur cette réalité. L'enquête nous a permis de noter les innovations qui favorisent l'activité de transport sur le corridor.

2.1.1. *Les radars*

Sur le corridor Abidjan – Lagos sont implantés des radars, des contrôleurs routiers numérisés qui servent à mesurer la vitesse des véhicules qui circulent sur la voie publique à l'aide d'ondes électromagnétiques de l'ordre du centimètre. C'est un type de cinémomètre utilisé principalement utilisé pour identifier les contrevenants aux limitations de vitesse. Selon les enquêtés, l'implantation des radars sur grandes artères relève de la politique de gouvernement de chaque Etat. L'utilisation des radars permet le respect du code de la route en matière de vitesse maximum ou minimum en vue de la réduction des accidents.

> « A cause des radars disposés sur la route nous ne faisons plus de désordre dans la circulation, nous respectons les limites de vitesse marquées sur les panneaux de signalisation. Les conducteurs ne se saoulent plus ni ne prennent plus d'excitant au volant sous peine d'amende. On est peu plus discipliné au volant que par le passé même s'il y a encore des indélicats qui ne veulent

obtempérer. Nous remercions les gouvernants pour ce travail ». (Armando GUEIRERA, conducteur de véhicule personnel, entrepreneur, âgé de 53 ans, entretien enregistré le 09 mars 2018)

On comprend que cette technologie a induit un changement social avec une prise en compte de la personne humaine. Ce changement s'est d'abord opéré individuellement (changement de comportement des automobilistes) avant d'être collectif. On peut affirmer sans conteste que l'innovation un facteur clé de la dynamique collective. L'innovation est alors éminemment sociale étant donné qu'elle répond à un besoin de la collectivité. On peut retenir à cet effet que l'apparition des radars dans le secteur du transport routier a un effet de croissance sur cette activité en ce sens qu'elle a ralenti le nombre d'accidents, diminue les dégâts matériels et humains qu'on enregistre à la suite des accidents (blessés, décès, destruction des infrastructures routières et dommages des véhicules accidentés etc). Ce qui affecte positivement le retour sur l'investissement aussi bien chez le pouvoir public que chez les transporteurs et leurs clients. Dès lors l'implantation des radars aux abords des artères a des effets bénéfiques très importants aussi bien pour l'individu que pour la collectivité, car elle pourra faire fleurir à terme l'économie de transport dans la sous-région, puisque, affirme J. A. Schumpeter (1934) après une innovation majeure, l'économie entre dans une phase de croissance (créatrice d'emplois). Cette appréciation sert de base pour la théorie de l'évolution économique développée par Schumpeter pour qui les innovations jouent un rôle primordial dans l'impulsion économique et la fabrication de produits nouveaux et l'adoption de procédés et de techniques inédits etc engendrent le changement des structures. E. V. Hippel (1998) soutient quant à lui que, dans les variables économiques, les innovations profitent plus aux innovateurs qu'aux utilisateurs. Il écrit à cet effet :

> « Innovators capture temporary rents from their successful innovations by first establishing some type of monopoly control over their innovation and then using this control to increase their economic return. A successful innovator's rents may come in the form of cost savings and/or increased prices and/ or increased sales obtainable during his period of temporary and partial monopoly» (E.V. Hippel, 1998, p.58)

En termes clairs, il faut comprendre que les innovateurs saisissent les intérêts temporaires de leurs innovations réussies en établissant d'abord un certain type de contrôle monopolistique sur leur innovation et puis en utilisant ce contrôle pour augmenter leur rentabilité économique. Les intérêts de succès d'un innovateur peuvent prendre la forme d'économies et / ou d'augmentation des prix et / ou une augmentation des ventes pouvant être obtenue au cours de sa période de monopole.

Le secteur du transport innove avec la naissance des startups qui facilitent l'exercice de cette activité. Les startups offrent un accès numérisé au transport avec des services digitalisés. Aujourd'hui, dans certaines villes africaines comme Cotonou, Abjidjan, Accra, des startups naissent et révolutionnent les contextes de voyages et de transport à la grande satisfaction des transporteurs et des clients. L'accès à l'offre routière est moins tracassant et plus bénéfique. Même si la résistance concurrentielle des anciens acteurs du secteur comme les taximen est souvent très dure, les startups facilitent aux clients modernes l'accès à l'offre routière. A Abidjan, cette innovation est fondée sur une idée très géniale ; « Africab » propose en effet des courses au prix fixé à l'avance, dans des taxis tout conforts conduits par des chauffeurs salariés travaillant à des horaires cadrés.

> « Lancée il y a à peine quatre ans, l'entreprise a réussi à s'imposer sur le marché avec une bonne assis sécuritaire. Par jour, elle enregistre plus de trois cents courses et son chiffre d'affaires mensuel a triplé entre avril et septembre 2016, passant de 20 millions FCFA à 60 millions grâce à un portefeuille de clients professionnels qui force l'admiration. En effet, avec un capital de milliard de FCFA d'investissement consenti, la majeure partie, à savoir 800 millions a été financé par des emprunts bancaires » (Anonymat Agent de l'entreprise, âgé de 37 ans, entretien réalisé le 25 avril 2018).

Le service proposé était un besoin que l'initiateur avait noté avant cette innovation. Le client a le choix entre un éventail de mode paiement (en monnaie liquide, par carte, ou encore par mobile money). L'offre de la startup "Africab" est attractive avec un service de qualité. Le coridor Abidjan – Lagos est utilisé par les véhicules Africab.

Wezôn est la start-up béninoise qui commercialise le billet de transport en ligne en développant des solutions informatiques (application mobile, application web, Chat Bot, plateforme USSD…) pour améliorer la mobilité et faciliter l'accès aux transports. Lancée le samedi 10 août 2019 téléchargeable sur Playstore, l'application de cette startup offre la possibilité de consulter toutes les offres disponibles pour le voyage suivant les lignes, de faire de réservation en toute tranquillité sans se déplacer. Elle a intégré à tous ses systèmes les moyens de paiement locaux (Mobile Money, Moov Money) et les autres moyens de paiement ordinaires (Visa, Master Card). Avec un billet électronique pour le voyage, les utilisateurs économisent leurs temps. Ces startups contribuent fortement à la gestion optimale du temps et facilitent énormément l'accès à l'offre de transport.

> « La startup Wezôn sert également de guide touristique et met à la disposition des voyageurs des informations touristiques comme l'existence de site touristique, l'existence d'un musée proche, des informations sur l'histoire de la localité où se situe le bus etc. De plus, elle ambitionne d'informer à l'avenir ses utilisateurs des bons plans autour d'eux, des meilleurs restaurants, hôtels, espaces de jeux et espaces de divertissement Les solutions logicielles de Wezôn aident aussi les compagnies de transport partenaires à optimiser en temps réel les flottes de bus et participe à l'amélioration de leurs services de transport en commun». (Oscar SOSSAKPON, âgé de 37 ans, utilisateurs de Wezôn, entretien réalisé le 27 février 2018).

Ces accès numérisés au transport sont des réponses à l'action collective et renforce le lien social à travers une croyance solidaire conférée. Avec l'émergence des innovations, on pourra donc dire, sans un optimisme béat, que l'économie de transport routier en Afrique de l'ouest a de beaux jours devant elle dans une perspective schumpétérienne. Economique numérique et économie de transport se développeront dans une relation que favorisera le progrès scientifique et technologique.

2.1.2. La gestion digitalisée de la flotte

En dehors des innovations précédentes, on peut dire que le progrès de la technologie a permis de connecter les véhicules de transport en communs et les camions à des applications ou des logiciels qui permettent aux gestionnaires des flottes de surveiller les conducteurs dans leurs mouvements sur la route. Une fois que le véhicule est connecté, le propriétaire ou le gestionnaire de la flotte suit *"ad litteram"* le conducteur dans ses mouvements sur la route, contrôle la vitesse, les arrêts, l'itinéraire, le kilométrage etc. Cette innovation, lorsqu'elle sera répandue, permettra l'accroissement de la rentabilité de l'économie de transport en Afrique de l'ouest. On est en mesure de dire, à la suite d'E. V. Hippel (2005) que le coût de l'innovation ne cesse de se démocratiser et de libérer le marché.

Par ailleurs, il faut rappeler que le transport et le transit routiers sur l'axe Abidjan Lagos obéissent à des principes prescrits par le programme régional de facilitation du transport initié dans le cadre de l'intégration régionale (Banque Africaine de Développement (2015). Soutenu par la CEDEAO et l'Union Economique et Monétaire Ouest Africaine (UEMOA), ce programme vise à réduire « les obstacles au commerce et au transport dans les ports et sur les routes le long du corridor Abidjan-Lagos en intégrant la préservation de la santé des passagers en matière de lutte contre les maladies sexuellement transmissibles et le VIH/SIDA »[9]. Tel qu'il est conçu, ce programme est « une réponse à un problème de l'action collective et non comme une donnée naturelle » et apparaît *ipso facto* comme un « construit social » pour reprendre les terminologies de Michel Crozier et de Philippe Bernoux. De la sorte, il relève de l'ordre du social et traduit une expression spatiale des modes de vie avec la prise en compte de l'économique, du politique, de la santé et du mieux-être de toutes les parties prenantes de l'Organisation du corridor Abidjan-Lagos. Le transport et le transit routiers sur le corridor reposent fondamentalement et avant tout sur le principe de l'intégration régionale à partir du développement des activités économiques (transports, commerce) entre les pays membres puis vers d'autres pays. L'intégration régionale est la base du développement en ce sens qu'elle permet une globalisation des variables socio-économiques des pays de la CEDEAO et de ceux de l'UEMOA. Dans cette perspective, le

---

[9] Extrait de la brochure réalisée en 2017 dans le cadre du « Programme sur la fourniture de services et d'assistance dans la préparation et la gestion du projet du développement du Corridor routier Abidjan-Lagos», abrité par la Commission de la CEDEAO, par le biais du Mécanisme de prestation de services PIDA (SDM) du NEPAD, et financé par la coopération allemande internationale (GIZ).

programme de facilitation du transport et du transit routiers ouvre le champ d'analyse à la sociologie du travail, à la socio-économie des transports partir du moment où il vise le développement des activités économiques à savoir le commerce, le transport et la santé au travail. Dans cette dynamique, il est utile de chercher à identifier les logiques que cachent les rationalités et les stratégies des acteurs pour mieux apprécier le système d'action concret qui structure la mise en œuvre de l'initiative sur le corridor Abidjan – Lagos.

2.2. *Les logiques des acteurs dans la mise en œuvre du programme de facilitation du transport et du transit routiers sur le corridor Abidjan- Lagos*

La pratique du transport s'insère dans un champ d'activités où interviennent plusieurs disciplines en l'occurrence la sociologie, la psychologie, l'économie, la géographie. L'approche sociologique à laquelle souscrit la présente recherche ambitionne d'identifier les logiques internes qui soutiennent les actions et les comportements des acteurs à l'occasion de la mise en œuvre du programme de facilitation du transport et du transit routiers sur le corridor Abidjan-Lagos. En premier lieu, nous avons identifié la logique du social.

2.2.1. *La logique du social*

Le programme de facilitation du transport et du transit routiers sur le corridor exprime une réalité sociale fondée sur un ensemble d'actions d'impact social planifiées, exécutées et contrôlées à dessein de rendre plus faciles l'exercice des activités économiques accompagnées des mesures préventives à l'égard des voyageurs et autres acteurs en ce qui concerne les Infections et Maladies Sexuellement Transmissibles le long du couloir de transport Abidjan-Lagos. Les processus sociaux qui sous-tendent les actions du programme répondent à une logique du social que matérialise une offre de transport et de transit routiers articulée pour la satisfaction d'un besoin collectif. Cette logique est l'expression d'une rationalité, une articulation des moyens humains, matériels financiers et technologique pour atteindre un objectif. Dans la même veine, Gérard Lyon-Caen (1995) considère que la logique d'une politique, c'est l'articulation des moyens à la fin recherchée. Dans l'un de ses articles, Pierre Cazalis (1994) soutient que « la logique du social est tout simplement une rationalité explicite, un fil conducteur émis pour réaliser l'aspiration d'une collectivité. La logique du social vise l'assouplissement des règles, l'allégement des charges pour la communauté déjà affaiblie par des contraintes ». Le programme de facilitation de transport et de transit routiers s'inscrit dans cette optique et s'évertue à mettre à la disposition des ressources humaines nécessaires à son pilotage à travers la mise en place d'une structure formelle sous régionale dotée de ressources financières, matérielles et technologiques importantes pour l'atteinte des objectifs. Le discours émique recueilli au cours de l'enquête cristallise cette réalité sociale.

> « Les autorités sont en train de faire des efforts pour nous aider dans le transport sur cette route. Nous sommes contents quand même, parce que dans le passé nous avons éprouvé beaucoup de difficultés sur la route à cause du contrôle qui était très dur. Il y avait beaucoup de postes de contrôles sur l'axe et puis le contrôle est dur, c'est nombreux sur la route. Avec l'arrivée du corridor, c'est un peu bon maintenant. On va espérer que les autorités continuent à faire mieux. Le travail de transport est très difficile avec beaucoup de risques. Les policiers nous demandent beaucoup de papiers et on attend trop à la frontière ce n'est pas bon, les marchandises se gâtent. Il y a beaucoup de perte de temps. Mais les gouvernements sont en train de travailler pour changer l'ancien système et pour améliorer. Ça va aller, Insch Alla ! ». Mama Yéri Mohamed, âgé de 39 ans, camionneur, de nationalité malienne, entretien réalisée ce 27/07/2017 ».

Cette déclaration conforte bien les efforts qui sont en train d'être faits dans le cadre du programme pour rendre plus attrayante l'offre de transport sur l'axe routier Abidjan –Lagos à travers le soulagement des peines des camionneurs, des transporteurs et des passagers. Plusieurs mesures sont prises pour faciliter le trafic aux bénéficiaires. L'assouplissement des procédures douanières et policières pour le contrôle au niveau des frontières.

Le Chef de la logistique du programme confie ce qui suit :

> Pour la concrétisation de l'initiative du corridor, deux organisations à caractère économiques et régionales de l'Afrique de l'Ouest que sont la CEDEAO et l'Union Économique et Monétaire Ouest Africaine (UEMOA) ont adopté, entre 2003 et 2005, respectivement le Programme Régional de Facilitation du Transport et du Transit Routiers (PRFTTR) et le Programme d'Aménagement Communautaire des Infrastructures de Transports Routiers (PACITR). Ces deux programmes, élaborés

en s'appuyant sur les recommandations du plan d'actions à court terme du NEPAD, comportent le volet « investissements » pour mettre à un bon niveau de service les routes Inter-États et le volet « facilitation du transport » qui vise à lever les obstacles pour la fluidité du trafic sur les corridors routiers. Ainsi, pour accompagner la CEDEAO à lever ces entraves, la Banque Mondiale a financé, le Projet de Facilitation du Commerce et du Transport sur le Corridor Abidjan-Lagos (PFCTAL). Ce projet s'intègre dans le programme régional de facilitation du transport et du transit routier de la CEDEAO et de l'UEMOA. Il vise à réduire les obstacles au commerce et au transport dans les ports et sur les routes le long du corridor Abidjan-Lagos en Côte d'Ivoire, au Ghana, au Togo, au Bénin et au Nigéria. Après ses différentes phases de mise en œuvre, le Projet Corridor Abidjan-Lagos, a, quelque peu, contribué à l'amélioration de quelques indicateurs sanitaires dans le contexte de migration à l'échelle inter-pays et a permis le partage des meilleures pratiques inter-frontalières ». (Anonymat, entretien réalisé ce 25/07/2017).

Dès lors, on peut comprendre que le programme a été conçu pour assurer un minimum social aux différents acteurs impliqués dans le transport sur ce corridor à travers le renforcement du trafic ayant pour corollaires, la construction de nouvelles routes, le développement du commerce, la facilité dans la mobilité, la sensibilisation sur le code de bonne conduite et d'éthique sur la route. « Le développement de ce corridor est en phase avec la Vision 2020 de la CEDEAO et les stratégies respectives des cinq Etats Membres concernés qui visent à promouvoir une infrastructure efficace, sure et compétitive pour le commerce mais aussi pour un développement durable …le transport routier reste le mode de transport dominant en Afrique de l'ouest représentant de 80 à 90% du trafic interurbain et inter-États de marchandises »[10]. Les postes de contrôle juxtaposés (PCJ) aux frontières doivent permettre une meilleure coopération entre les services de contrôle (police, douanes, immigration) des deux (2) États qui y opèrent. En regroupant ces services de contrôle dans un même espace, on peut fédérer des moyens, faciliter l'échange d'informations, et supprimer

[10] Banque Africaine de Développement, (2015) *Problématique de la facilitation du transport en Afrique de l'Ouest et Plan d'actions*

les multiples points de contrôle à l'approche des frontières[11]. Les PCJ combinent des composantes matérielles (bâtiments, hangars et routes de circulation, connectivité aux TIC) et des composantes intellectuelles ou managériales (le cadre juridique et les procédures opérationnelles et de gestion). Les PCJ permettent l'application de la Directive de la CEDEAO et de l'UEMOA relative à la limitation des points de contrôle routiers sur les Corridors. Ils faciliteront le passage des frontières conformément au protocole de la CEDEAO en matière de libre circulation des biens et des personnes, et contribueront aussi à réduire les coûts du transport. Il va s'en dire que le programme de facilitation du transport et du transit routiers s'inscrit bien dans une logique du social à laquelle est connectée une logique économique.

2.2.2. *La logique économique*

L'initiative de ce programme a une visée économique en ce sens qu'elle a pour objectif de permettre aux commerçants, aux transporteurs et aux autres usagers de mener sans beaucoup de peine les activités économiques. En effet, le transport est un facteur basique du développement du commerce et favorise le rapprochement entre lieu de fabrication des biens consommables et les foyers de consommation. Lorsqu'on parle de distributions des biens et service on pense immédiatement à la manière de les transporter du fabricant ou du producteur vers les consommateurs intermédiaires et les consommateurs finaux. Les interactions qui émergent à cet effet entre commerçants, transporteurs, forces de sécurités, douaniers et autorités politico-administratives créent chez ces acteurs des comportements qui traduisent de perspectives économiques : réaliser de profits, générer des intérêts. L'offre de transport devient non seulement un facteur primordial pour les commerçants, les voyageurs, les transporteurs mais aussi un espace qu'ils cherchent à exploiter pour maximiser leurs profits. « Dis-moi les conditions de transports de tes produits, je te dirai la rentabilité de ton commerce » tel est l'avis de Madame Mariam Yacoubou, commerçante de jouets et consommables scolaires interrogée au

[11] Extrait de la brochure réalisée en 2017 dans le cadre du « Programme sur la fourniture de services et d'assistance dans la préparation et la gestion du projet du développement du Corridor routier Abidjan-Lagos», abrité par la Commission de la CEDEAO

cours de l'enquête. Pierre Lannoy (2003) fait remarquer que la circulation routière est « un problème d'économie et d'ingénierie et non un objet de politique législative ». L'offre de transport est une action publique qui apporte une caution à l'économie nationale considérée par les néo-marxistes comme l'indicateur capital de développement. N'entend-on pas dire souvent que « le développement de la route est le développement de l'économie ». On peut retenir que les actions des Etats pour la mise en œuvre du programme de facilitation du transport et du transit routiers sur le corridor s'inscrivent sans contestes dans une logique économique. En effet, la perception de diverses taxes sur le transport (les frais de péages, de pesage, de dédouanement des marchandises, les frais de transit) dénote de la rationalité et de la stratégie des Etats des pays concernés pour accroître leurs fics et renforcer leur stabilité économique. Les économistes libéraux parleront dans le cas d'espèce du retour sur investissement.

Les douaniers trouvent dans le transport et le transit routiers de belles occasions de faire de profits substantiels. Les rationalités qu'ils émettent pour la circonstance portent, en effet, sur le prince cardinal du « consensus » sur les frais de dédouanement des marchandises en transit. Le « principe consensuel des frais de dédouanement » met en négociation directe le transporteur des marchandises et le douanier pour trouver un tarif consensuel pour le dédouanement des marchandises. Dans ce contexte, transporteur et douaniers émettent des rationalités et développent, chacun en ce qui le concerne, des stratégies pour tirer profits de la situation.

> « En matière de transport et de transit routiers, douaniers et transporteurs sont des « partenaires » qui se comprennent souvent. Chacun y trouve son compte après les négociations. S'il est question surtout de marchandise dont la valeur douanière n'est pas précisée par les textes, la loi autorise l'autorité douanière à fixer un tarif à valeur dite consensuelle avec le transporteur. Et tant que le « principe consensuel » existe, le douanier mangera toujours. La preuve, pour des marchandises d'une valeur douanière estimée de façon consensuelle à dix millions par exemple, le douanier peut s'entendre avec le transporteur à payer sept millions dont quatre millions en frais de dédouanement à verser dans la caisse du trésor public et trois millions pour lui-même douanier. De là, le manque à gagner de trois millions est laissé au transporteur. C'est donc un partenariat gagnant-gagnant.

Chacun en tire profit selon sa force ». (Déclaration de X, Agent de constatation en douanes, âge : 35 ans, poste de douane de Kraké).

En outre, l'interaction entre les camionneurs, les taximen et leurs passagers s'inscrit également dans une perspective économique où les premiers cherchent à taxer fortement leurs clients en arguant que le carburant est très cher. Ils raisonnent les passagers à payer plus cher le transport que le tarif normal surtout si ces derniers ne connaissent pas le tarif. Les passagers eux aussi, estimant que les conditions de transport n'étant ni agréables, ni confortables, essaient de payer moins que le tarif habituel, et chacun y va avec sa rationalité et stratégies en maximisant son gain ainsi que le soulignent aussi bien Alain Bieber (1969) que Jean Frébault et *al.*, (1970) qui notent que le transport pose le problème de la définition des variables utilisées dans le calcul (temps, coût, confort), c'est-à-dire le terme même de coût généralisé. Dès lors, le transport et le transit routiers s'offrent comme un espace économique où les acteurs évoluent avec une démarche de profitabilisation, une espèce de reproduction individuelle et collective qu'ils formalisent dans des relations interactionnelles. On assiste, *in fine,* à une instrumentalisation de transport pour des finalités numéraires. En soulignant la logique économique qui se cache derrière le transport, Karl Marx (1967) postule que … si le même capital assure la production et le transport, ces deux actes constitueront la production immédiate. Dans les frais de transport, comme dans la production immédiate, il peut y avoir un surtravail et le capital peut en tirer une plus-value. On comprend alors pourquoi tout un discours économique s'articule autour du transport au point qu'on parle d'économie de transport. L'évaluation socio-économique des infrastructures de transport constitue un champ particulièrement fertile pour le calcul économique. Cette dimension économique du transport s'accompagne d'une spatialisation de mode de vie.

2.2.3. La logique de spatialisation de mode de vie

Dans la pratique quotidienne, lorsqu'on parle de transport on évoque par-dessus le marché la mobilité. Partant, la mobilité ne s'impose pas d'elle-même, car elle est l'objet sinon le résultat du moins la manifestation tangible du transport. Dans cette perspective, la mobilité est l'expression d'un mode de vie dans un espace géographique qu'imprime le transport. Autrement dit, le transport est la translation d'une manière de vivre dans l'espace dont est porteuse la mobilité. Les passagers, les camionneurs de même que les transporteurs se donnent un mode de vie à travers leurs déplacements, leurs mouvements dans l'espace. En cela, le transport porte la problématique de la spatialisation de mode de vie que l'on parvient à comprendre à travers les comportements alimentaires, vestimentaires, le langagier, les fantasmes du voyage et autres ritualités les amitiés qui se créent. Anne Gotman et Henri Raymond (1982, p. 1) ont montré dans leurs travaux que « les différentes recherches menées par le LASSAU[12] sur les transports urbains montrent que, pour l'usager, la pratique des transports et de leurs équipements engage un processus complexe (la séquence transport) et une ritualité qui sont l'expression d'une véritable pratique sociale du transport, articulée à la fois sur le mode de vie et sur le mode de production ». La position d'Antoine Haumont (1980) éclaire d'un jour nouveau cette perspective puisqu'il écrit que l'usager organise son transport comme une articulation entre mode de vie et mode de production, c'est-à-dire comme un cas particulier de la mobilité dont on sait qu'elle est une des caractéristiques profondes de notre société. Dès lors, on peut retenir avec Anne Gotman et Henri Raymond (*op.cit.*) que « l'exécution des séquences implique par ailleurs la mise en œuvre d'une gestuelle ritualisée selon un code lié aux modèles culturels de notre société. La mise en évidence de la notion de séquence transport montre donc que, derrière l'apparente réduction automatique et chronométrée du trajet, une réelle complexité des pratiques existe, un ensemble de stratégies dont l'accomplissement engage une gestuelle spécifique ». Il y a alors une autre manière de vivre au cours du transport comme l'a fait comprendre une enquêtée :

> « Lorsque nous voyageons, nous avons une autre manière de voir les choses habituellement, nous menons une autre vie que celle de chez nous. Au départ, le transport inspire la peur, la crainte, mais quand il devient régulier, on s'y habitue et par là commence une autre vie dans l'espace du voyage, on a de nouvelles connaissances, on s'adonne à d'autres réalités et se créent de nouvelles habitudes. Souvent on se fait beaucoup d'amis, on

[12] Laboratoire des Sciences Sociales Appliquées à l'Urbain

> réagit autrement : il y a des choses que je n'ai jamais mangé mais par les voyages, je mange par exemple. Avant j'entendais dire qu'on dort sans toit, je ne savais pas dormir à la belle étoile, aujourd'hui c'est facile pour moi de le faire. On devient tolérant et croyant, on cherche à comprendre. C'est toute une vie qu'il y a dans le transport ». (Assanatou Ogoudélé, commerçante, âgé de 35 ans, mère de trois enfants).

Dans cette veine, on pourra retenir que la mobilité est à la fois un facteur d'enrichissement et de diversification des expériences individuelles, comportant par essence un risque de déstabilisation (Sylvie Fol, 2005). On se rend compte que l'analyse de la demande de déplacements s'appuie à la fois sur une approche désagrégée des comportements individuels et sur une approche systémique, qui met en relation sur un territoire donné les comportements individuels et l'ensemble de l'offre de transport. Comme on peut facilement s'en rendre compte, note Vincent Kaufmann (2005) « la mobilité se situe à bien des égards au cœur de ces processus de transformation. Le nouveau mode de spatialisation des sociétés qui émerge est en effet largement fondé sur l'usage des potentiels de vitesses procurés par les systèmes techniques de transport et de télécommunications ». Cette spatialisation de mode vie est corrélée par une logique de temporalité.

2.2.4. La logique temporelle

Le temps est un facteur qui apparaît à titre essentiel dans le transport et la mobilité. Sa gestion devient une préoccupation majeure pour les acteurs impliqués dans la mobilité en général et le transport et surtout le transit routier en particulier. En abordant cette considération, Iragaël Joly, Karl Littlejohn (2007) affirment ce qui suit :

> « L'étude du temps de transport constitue un outil privilégié de compréhension des comportements de mobilité en relation avec la finalité de ces temps de déplacements : l'activité à destination. Il est donc notre point d'entrée à l'étude de la question plus vaste de la formation des emplois du temps, qui semble d'autant plus complexe dans le contexte actuel de « dérégulation » des temps sociaux et individuels. Notre analyse de la mobilité se concentre sur les temps de transport et les caractéristiques individuelles et de mobilité, puis s'ouvre aux dimensions connexes, telles que les

activités poursuivies à destination, le choix des localisations et la possible réappropriation des temps de transport ».

De la sorte, la gestion de la ressource temporelle implique un comportement d'autant plus complexe que le temps de transport est au centre de nombreuses interactions entre les acteurs au cours du transport. Pour certains à savoir les transporteurs, les commerçants ayant des marchandises en transit, il est question de se fonder sur des rationalités pour gagner du temps au regard de la nature des produits (denrées périssables ou fragiles...). Ce rôle particulier du temps de transport positionne l'individu dans un espace et un ensemble d'opportunités où il doit agir ou réagir en tenant compte de ses intérêts. Les acteurs activent la gestion du temps pour réduire le risque de manque à manger que pourrait engendrer la perte de temps pendant le trajet. Les fonctionnaires de police et de la douanière dans ce mode de gestion individuelle de temps agissent dans le sens de tirer profits en actant des stratégies chronophages qui conduiraient à faire perdre de temps aux autres acteurs qui n'en veulent pas. On peut donc rapporter *hic et nunc* les situations réelles liées aux tracasseries sur les axes routiers et qui conduisent à des actes de rançonnement et ou de corruption nonobstant la visée du programme de facilitation, celle qui consiste à réduire les obstacles au commerce et au transport dans les ports et sur les routes le long du corridor Abidjan-Lagos (Côte d'Ivoire, Ghana, Togo, Bénin et Nigéria). Les camionneurs et les voyageurs passent souvent de longues heures d'attente aux frontières ; les véhicules sont immobilisés durant des heures, voire des jours, des semaines et des mois. Voici la réaction d'un transporteur :

> « Depuis sept heures que nous sommes arrivés à la frontière, on est encore là en train de subir la merde des policiers et des douaniers qui nous malmènent, nous demandent l'impossible. Nous sommes à leur merci depuis des heures, nous ne savons pas quand pourrons-nous être libérés pour continuer la route. Moi j'ai quitté Ogbomosho au Nigéria et je vais jusqu'à Takoradji, Ghana. Mes marchandises se gâtent déjà. Je suis en perte. Les policiers me disent que mes papiers de transport ne sont valables, le délai de validité a expiré hier et je dois subir une pénalité. Or, je pensais être à la destination depuis hier sinon aujourd'hui histoire de renouveler mes papiers avant mon prochain voyage. Ils m'ont fait perdre trop de temps sur la route. Les policiers ont estimé que l'argent que je leur ai donné est

insuffisant. Les douaniers aussi veulent plus d'argent avant de me laisser partir. Mon argent est fini .... » (Ogawau Adeshu Ousmane, transporteur Nigérian, âge : 57 ans)

Discussion

L'enquête sur le transport routier dans la sous-région ouest africaine a permis de découvrir les interventions technologiques qui sont en train de révolutionner le secteur. Les radars implantés aux abords des artères, les accès numérisés aux services de transport routier, la gestion numérisée de la flotte grâce à la connexion des véhicules à des systèmes digitalisés sont des innovations qui contribuent fortement au développement de l'économie de transport routier dans cette partie de l'Afrique. En partant de la définition donnée à l'innovation par l'économiste J. A. Schumpeter (1972) à savoir, une exécution de nouvelles combinaisons au niveau des produits, des techniques de production, des débouchés, des sources d'approvisionnement ou des structures organisationnelles, nous pouvons affirmer sans conteste que l'innovation est intimement liée à l'esprit capitaliste, il en est même le moteur et donc, favorise le développement de l'économie. Dans cette perspective le système économique relatif à l'activité du transport routier le long du corridor Abidjan – Lagos tend vers la phase de son expansion pour un changement social fascinant. Des efforts d'investissement restent, pour ce faire, à être déployés en vue d'une véritable émergence des innovations dans l'activité de transport qui pourra, à terme, favoriser la création d'emplois au grand bonheur des jeunes chômeurs. Cela sous-entend que l'état actuel des infrastructures routières n'est pas vraiment prometteur et ne pourra permettre de relever le défi d'une économie de transport routier prospère. Les artères sont, par endroits, abîmées, des installations routières détruites. En l'état, les infrastructures de transport ne sont pas susceptibles de produire des effets positifs sur la croissance des pays ouest-africains. En effet, l'utilité d'une route est d'autant plus forte qu'elle est un système de communication des entreprises qui accroissent leur productivité. Les infrastructures routières conduisent à des effets de diffusion de la croissance par le biais des échanges extérieurs en réduisant les coûts de transport entre territoires et les coûts de transaction entre agents éloignés. La Banque mondiale (1996) considère les infrastructures routières comme des indicateurs de participation aux activités nationales, régionales et internationales. Elles constituent la mesure de l'efficacité économique qui conditionne la réussite de la régionalisation. Comme le souligne Henri François Henner (2000, p.82), l'utilité sociale de ces infrastructures de transport est alors supérieure à l'utilité privée calculée par les acteurs du marché, qu'elle soit mesurée en termes de coûts ou en termes d'utilité marginale de l'acheteur. Les réseaux de transport constituent un élément essentiel de l'articulation spatiale et peuvent attirer aussi d'autres activités économiques d'autres territoires.

Sous d'autres cieux, par cette recherche, l'effort scientifique a également porté sur l'examen des rationalités et des stratégies des acteurs. On pourrait imaginer que le transport routier est une activité banale mais qui draine un nombre important d'acteurs aux comportements guidés par les intérêts particuliers rendant complexe le champ d'actions. Anne Gotman et Henri Raymond, (*op, cit,* p.5) rappellent que « la mise en évidence de la notion de séquence transport montre donc que, derrière l'apparente réduction automatique et chronométrée du trajet, une réelle complexité des pratiques existe, un ensemble de stratégies dont l'accomplissement engage une gestuelle spécifique ». L'examen du transport et du transit routiers montre que cette activité donne lieu à un « système d'action concret » où se jouent et se déjouent les jeux de pouvoirs des transporteurs, des camionneurs, des commerçants, des policiers, des douaniers qui nourrissent leurs comportements et leurs actions d'intérêts. On peut alors tenter de construire une théorie de mobilité où les logiques seront tenues comme la variable principale qui guide les comportements et les actions des différents acteurs poursuivant des objectifs différents. Partant, on pourra postuler que tout est question de logique lorsque les acteurs poursuivent des objectifs différents pour lesquels ils s'investissent fortement en émettant des rationalités subséquentes. Les théoriciens du choix rationnel[13] tels que Max Weber (1986), Raymond Boudon (2009) sont parvenus à montrer que, selon le contexte social dans lequel ils se trouvent, les individus sont des sujets rationnels qui orientent leurs actions vers des buts précis en ce sens qu'ils agissent tout en ayant fortement conscience du sens

13 La théorie du choix rationnel est communément appelée l'individualisme méthodologique

qu'ils donnent à leurs actes. Dans ce sens, on pourra concevoir à la suite de Vincent Kaufmann et Bertrand Montulet (Dir.), (2004, p.7) qu' «au-delà des analyses des phénomènes de congestion urbaine ou d'usage des modes de transport, la recherche en sciences humaines s'est interrogée sur la manière d'appréhender de manière adéquate les dimensions spatiales et temporelles et sur la juste prise en compte des rythmes, de la vitesse, des territoires et de la technologie dans les changements sociaux qui lui sont concomitants». De la sorte, les quatre logiques d'acteurs que nous avons pu identifier au cours de cette recherche définissent les comportements des acteurs qui, se trouvant dans des situations données, agissent de telle ou telle manière au gré de leurs intérêts ou pour atteindre leurs objectifs. La logique du social, par exemple, fait découvrir le sens et la portée des actes des gouvernants des pays de la CEDEAO qui se sont entendus pour travailler à monter le programme de facilitation du transport et du transit routiers le long de l'axe routier Abidjan-Lagos. Les rationalités et les stratégies qui sous-tendent leurs actions ne laissent pas déceler directement la logique économique qui se cache derrière. Il en est de même pour la logique de spatialisation de mode de vie et la logique temporelle où divergent les rationalités et les stratégies des acteurs. Le transport routier est une espèce d'activités qui plonge le chercheur dans l'analyse des sens des comportements humains qui s'attachent à des référents cognitifs que découvre le raisonnement scientifique. « Autrement dit, aujourd'hui, la problématique des mobilités dépasse largement la simple question des déplacements pour comprendre les compositions sociales et spatiales que ces déplacements supposent et génèrent » *(Ibid)*. La spatialisation des modes de vie à travers le transport routier devient une problématique des sciences sociales. Dans cette optique, il y a lieu de se demander comme l'ont fait Vincent Kaufmann et Bertrand Montulet si « … les questions de mobilité ne sont-elles pas au cœur même des transformations sociales ? La mobilité ne constitue-t-elle pas un phénomène social total au sens de Mauss, qui serait en train de provoquer une transformation sociale globale ? »

Conclusion

Au demeurant, cette recherche a permis de découvrir les innovations et les logiques qui émergent dans les interactions entre les différents acteurs à l'occasion de la mise en œuvre du programme de facilitation initié pour faciliter la libre circulation des personnes et des biens. Les innovations vont concourir inexorablement au développement de l'économie de transport en Afrique de l'ouest avec l'assurance de la perspective schumpétérienne des innovations. En matière de « dynamique de groupe », le comportement humain n'est pas anodin, car il est porteur d'une rationalité qui poursuit la réalisation d'un objectif dans une logique donnée. En observant les actions, en examinant les comportements des différents acteurs, cette enquête a permis de cerner les rationalités et les stratégies qui soutiennent les actions et les comportements des acteurs et de déceler les logiques sous-jacentes. Interrogée par les sciences sociales, la mise en place de la politique sous régionale de la libre circulation des personnes et des biens qui sert de levier pour une intégration systématique aux plans politique et économique des pays concernés montre que le transport routier dépasse le cadre élémentaire de mobilité et d'activité pour donner lieu à des transformations sociales, à la spatialisation de modes de vie. Les travaux de Michel Bassand et Marie-Claude Brulhardt (1980) n'ont-ils pas déjà montré que la mobilité induit un « ensemble des déplacements impliquant un changement d'état de l'acteur ou du système considéré ». Dans cette perspective, le transport routier a une double composante, spatiale et sociale, ajoutent-ils, et apparaît comme « [...] un phénomène social total, c'est-à-dire qu'elle n'est jamais seulement un déplacement mais toujours une action au cœur de processus sociaux de fonctionnement et de changement » (Michel Bassand, 1986, p. 25). S'il est vrai que la spatialisation des modes de vie est l'une des quatre logiques identifiées par cette recherche, il n'en demeure pas moins qu'elle suscite de beaucoup de réflexions sur les avatars qu'elle engendre. D'un autre côté, la logique temporelle qui oriente les comportements et les actions des acteurs est révélatrice du changement de la manière de formaliser les comportements individuels de déplacements, en les replaçant dans une perspective temporelle plus large, celle où se révèlent les interactions. La logique économique incarne les trois autres logiques (logique du social, logique de spatialisation des modes de vie, la logique temporelle) au regard de la place importante qu'elle occupe dans les comportements, les rationalités des acteurs observés sur le terrain. La logique du social quant à elle est le fondement de l'initiative du programme de facilitation et s'appuie sur l'amoindrissement des règles de contrôle et des frais de dédouanement. Les études sur le transport abondent et chaque chercheur y va avec les armes scientifiques qui sont les siennes. Il ne s'agit pas dans le cadre de cette recherche d'écrire l'épistémologie d'une sociologie de transport, ambition hors de mesure avec l'état actuel de nos connaissances. Il s'agit modestement pour nous de réfléchir sur la rationalité qui sous-tend les comportements et les actions des acteurs à l'occasion de la mise en œuvre du programme de facilitation de la libre circulation des personnes et des biens au regard du rôle capital que joue l'activité de transport des personnes dans la formation sociale ou de son caractère stratégique dans le fonctionnement de la société aujourd'hui. Comme l'ont fait savoir Jean-Jacques Chapoutot et Jacques Gagneur (1973), la « question des transports » est donc, sinon décisive, au moins contemporaine, et la recherche ne peut l'éluder.

Références bibliographiques

Abdo Hassan Maman (2016) « Rôle des infrastructures de transport dans la construction de l'espace économique ouest-africain », in *Mondes en développement*, 2016/4 n° 176 | pages 137 à 152

Alter Norbert (2000), *L'innovation ordinaire*, Paris, Presses Universitaires de France.

Alter Norbert (2000), *L'innovation : croyances et pratiques*, Paris, PUF, 270 pages.

Alter Norbert (Dir.), (2002), *Les logiques de l'innovation : approche pluridisciplinaire*, Paris, La Découverte.

Banque Africaine de Développement (2015), *Problématique de la facilitation du transport en Afrique de l'Ouest et Plan d'actions*

Bieber Alain (1969), « Planification des transports et analyse de système, Analyse et Prévision ».

Bassand Michel (1986), *Innovation et changement social*, Lausanne, Presses polytechniques romandes.

Bassand Michel et Brulhardt Marie-Claude (1980), *Mobilité spatiale. Bilan et analyse des recherches en Suisse*, St. Saphorin, Georgi.

Bernoux Philippe (1995), *Sociologie des organisations*, Paris, Editions du Seuil.

Blumer Herbert (1969), *Symbolic interactionnism, Perspective and method*, California, Prentice-Hall, Inc.,Englewood Cliffs, New Jersey, University of California Press.

Boudon R., (1996), « The "Rational Choice Model": A Particular Case of the "Cognitivist Model" », in *Rationality and Society*, 8, 2, p. 123-150.

Boudon Raymond (2009), *La rationalité*, Paris, PUF, coll. « Que sais-je ? ».

Cazalis Pierre (1994), « La logique du stratégique » in Timsit Gérard et *al.*, (Dir) (1996), *Les administrations qui changent, Innovations techniques ou nouvelles logiques ?* Paris, Presses Universitaires de France.

Chapoutot Jean-Jacques et Gagneur Jacques (1973), « Caractères économiques des transports urbains contribution à une recherche sur le rôle de l'État et des Collectivités locales dans le fonctionnement économique des transports urbains » in *UER Urbanisation - Aménagement*, Grenoble, Université des Sciences Sociales.

Crozier Michel et Friedberg Erhard (1977), *L'acteur et le système. Les contraintes de l'action collective*, Paris, Editions du Seuil.

Fol Sylvie (2005), *Mobilités des pauvres et rapport au territoire*, Mémoire pour l'Habilitation à diriger des recherches, Université Paris I, Panthéon Sorbonne.

Frébault Jean, et *al.*, (1970), *Le marché des transports*, Paris, Editions du Seuil.

Friedberg Erhard (1992), « Les quatre dimensions de l'action organisée » In *Revue française de sociologie*, N° 33, Vol. 4, pp. 531-557;

Friedberg Erhard (1993), *Le pouvoir et la règle. Dynamiques de l'action organisée*, Paris, Editions du Seuil.

Geslin Philippe (2002) « Les formes sociales d'appropriations des objets techniques, ou le paradigme anthropotechnologique » in *ethnographiques.org*, N°1/2002

Goffman Erving, (1963), *Comment se conduire dans les lieux publics*, Paris, Economica.

Goffman Erving (1984), *Les rites d'interaction.* Paris : Les éditions de minuit.

Gotman Anne et Raymond Henri (1982) « Le transport en commun. Une problématique de la vie quotidienne », in *Les Annales de la recherche urbaine*, N°14.

Haumont Antoine (1980), « La mobilité dans les modes de vie des citadins », in *L'automobile et la mobilité des Français*, Paris, La Documentation française.

Henner Henri François (2000), « Infrastructures et développement », in *Mondes en Développement*, tome 28, n° 109, 79-86

Hippel, Eric von (1988), The sources of innovation, New York-Oxford: Oxford University Press.

Hippel, Eric von (2005), Democratizing innovation, Cambridge, Mass.-London: MIT Press.

Iragaël Joly et Karl Littlejohn (2007), « Les temps de transport : double regard des approches sociologique et économétrique », 7ème colloque du groupe de travail in *Mobilité spatiale et fluidités sociales de l'AISLF*, Namur, Belgique.

Kaufmann Vincent (2005), « Mobilités et réversibilités : vers des sociétés plus fluides ? in *Cahiers internationaux de sociologie*, Paris, Presses Universitaires de France.

Kaufmann Vincent et Montulet Bertrand (Dir.), (2004), *Mobilités, fluidités... liberté ?* Bruxelles, Presses des facultés Saint-Louis.

Lannoy Pierre (2003), « L'automobile comme objet de recherche. Chicago, 1915-1940 » in *Revue Française de Sociologie.*

Lyon-Caen Gérard (1995) « La logique du social » in Timsit Gérard et *al.*, (Dir) (1996), *Les administrations qui changent, Innovations techniques ou nouvelles logiques ?* Paris, Presses Universitaires de France.

Marx Karl (1967), *Fondements de la critique de l'économie politique*, Paris, Editions Anthropos.

Montulet Bertrand (1998), *Les enjeux spatio-temporels du social : Mobilités*, Paris-Montréal, l'Harmattan.

Rapport de la Commission Economique pour l'Afrique des Nations Unies (2015)

Schumpeter Joseph Aloïs (1934), *Théorie de l'évolution économique*, Trad. fr., Paris, Librairie Dalloz, 371 pages.

Schumpeter, Joseph Aloïs (1972), *Capitalisme, socialisme et démocratie.* Paris: Payot

Sorokin Piritim (1927), *Social Mobility*, New York, Harper and Brothers.

Weber Max (1986), *Essais sur la théorie de la science*, Paris, Plon, Trad. de *Aufsätze zur Wissenschaftlehre*, Tübingen, Mohr.

Weber, Max (1989), *Essais sur la sociologie de la religion*, Paris, Plon Trad. de *Gesammelte Aufsätze zur Religionssoziologie*, Munich, Mohr.

CHAPITRE 4

Utilisation des technologies de l'information et de la communication par les exploitants agricoles familiaux dans le département du plateau (sud-est Benin)

Hervé Worou AFOUDA, Pierre ASSOGBA, Ibouraïma YABI,
Fulgence AFOUDA, Thiou Tanzidani Komlan TCHAMIE
Université d'Abomey-Calavi/Université de Lomé

Résumé : L'utilisation des Technologies d'Information et de la Communication (TIC) n'épargne aucun secteur d'activité dans le monde. Or en Afrique subsaharienne, l'intrusion de ces technologies d'informations laisse présager de profonds questionnements dans la manière de son appropriation par les populations et, en particulier au niveau des acteurs de l'agriculture familiale dont le revenu moyen est faible. La présente recherche vise à analyser le degré d'accessibilité et ou d'appropriation des TIC par les exploitants agricoles familiaux dans le département du Plateau.
L'approche méthodologique adoptée est axée sur la collecte des données qualitatives et quantitatives auprès de 250 exploitants agricoles familiaux. La disponibilité d'informations agricoles sur internet produite par 20 startups du Bénin a été consultée. Ces données ont été complétées par les statistiques des réseaux GSM au Bénin et soumises à l'analyse et traitées à partir de statistique descriptive et du modèle SWOT. Il ressort de cette étude que malgré la couverture de l'espace géographique en GSM, les exploitants agricoles familiaux sont faiblement connectés à l'internet, soit 5 % par les réseaux sociaux (Whatsapp, Facebook, Instagram), et 3% pour des informations sur l'agriculture. Mais 80 % se connectent pour des communications et divertissements avec les amis et 5% sont consacrés aux startups regroupées en trois catégories à savoir la chaine organisationnelle, la vente et promotion des services de consulting en ligne. L'utilisation des

drones par les exploitants agricoles familiaux est pour l'instant absente dans le département du Plateau. Un travail de renforcement des capacités et de vulgarisation des TIC à des fins agricoles s'impose.
Mots clés : Bénin, Plateau, agriculture familiale, TIC, appropriation

Abstract: The use of Information and Communication Technologies (ICT) spares no sector of activity in the world. However in sub-Saharan Africa, the intrusion of these information technologies suggests deep questions in the way of its appropriation by the populations and, in particular at the level of the actors of family farming whose average income is low. This research aims to analyze the degree of accessibility and or appropriation of ICT by family farmers in the Plateau department. The methodological approach adopted is focused on collecting qualitative and quantitative data from 250 family farmers. The availability of agricultural information on the internet produced by 20 startups in Benin was consulted. These data were supplemented by statistics from GSM networks in Benin and submitted for analysis and processed from descriptive statistics and the SWOT model. It emerges from this study that despite the coverage of geographic space by GSM, family farmers are poorly connected to the internet, 5 % by social networks (Whatsapp, Facebook, Instagram), and 3 % for information on agriculture. But 80 % connect for communications and entertainment with friends and 5 % are dedicated to startups grouped into three categories namely the organizational chain, the sale and promotions of online consulting services. The use of drones by family farmers is currently absent in the Plateau department. Capacity building and popularization of ICT for agricultural purposes is essential.
Keywords: Benin, Plateau, family farming, ICT, appropriation

Introduction

L'agriculture en Afrique est reconnue comme l'un des secteurs dont les affres sont multiples, climatiques, organisationnelles, technologiques et financiers (AFD, 2015, p. 6 ; CTA, 2019, p. 27). Le débat sur l'appropriation des technologies de l'information et de la communication ne devrait plus faire objet d'une réflexion du point de vue de son importance dans la résolution de problèmes des acteurs agricoles. Or aux constats collectifs, l'appropriation des nouvelles technologies au profit du secteur agricole varie d'un bout du monde à l'autre. Si on peut dire sans se tromper que les pays occidentaux et les Etats d'Asie font plus de prouesse en la matière, on peut distinguer avec pincement au cœur que le niveau d'appropriation des technologies de l'information et de la communication dans les pays en voie de développement et en particulier, l'Afrique de l'Ouest demeurent faible, surtout dans le domaine agricole (K. Lohento, 2003 p. 21).

Le potentiel des TIC pour soutenir l'échange d'informations et l'accès à celles-ci pour les petits agriculteurs, n'est point à démontrer. En effet, les TIC permettent d'améliorer la communication, et ainsi de renforcer ou d'étendre le réseau humain capable de surpasser les barrières de distance en renforçant les échanges économiques via les technologies mobiles et dont l'effet immédiat se trouve dans un soutien mutualiste. Plusieurs exemples, peuvent témoigner de l'apport des TIC dans la résolution des problèmes des petits exploitants agricoles familiaux, il s'agit entre autres des téléphones mobiles dont l'appropriation est susceptible d'augmenter concrètement les revenus des agriculteurs, notamment à travers les systèmes de paiement mobiles qui offrent aux agriculteurs la possibilité d'échanger des capitaux, des services d'informations mobiles qui donnent accès à des informations essentielles et ciblées sur les prix des matières premières, les conditions météorologiques, les épidémies voire pandémie (Covid-19), etc. et des services d'assistance téléphonique qui fournissent des conseils importants et en temps réel (CTA, 2013, p.12-26). Par ailleurs, les possibilités de créer des réseaux d'alerte sur l'apparition et l'évolution des risques agricoles, en général et celles des risques climatiques en particulier, font des technologies de l'information et de la communication, l'un des outils indispensables aux acteurs de l'agriculture et, surtout aux exploitants agricoles familiaux. Le but visé par cette recherche est alors de déterminer le degré d'accessibilité et ou d'appropriation des exploitants familiaux agricoles aux Technologies de l'Information et de la Communication (TIC). A travers cette recherche, les canaux technologiques de vulgarisation et de renforcement des capacités des exploitants agricoles familiaux face aux problèmes agricoles de prévention des risques climatiques, de la flambés des prix sur le marché, de suivi des rendements de cultures de la progression des criquets pèlerins etc. ont été explorés.

Il se pose alors la question de savoir quel est le niveau d'appropriation des TIC par les exploitants agricoles familiaux dans le département du Plateau ? Le présent article vise à analyser le niveau d'appropriation des TIC dans l'organisation des activités de production et le fonctionnement des différents circuits de commercialisation des produits agricoles dans le département du Plateau. Il se fonde sur l'hypothèse selon laquelle, les TIC sont faiblement appropriées par les exploitants agricoles familiaux en raison de leur faible niveau de revenus et de l'absence d'accompagnement de l'encadrement rural.

Le Plateau fait partie des 12 départements que compte la République du Bénin. Le secteur primaire est occupé par 48 % de la population active (INSAE, 2015 p. 4) et n'échappe pas aux problèmes climatiques connus par l'Afrique de l'Ouest (I. Yabi *et al.* 2016). Ce département est limité à l'Ouest par trois départements (Ouémé, Zou et Colline) et à l'Est par la république fédérale du Nigéria (Figure 1) qui constitue un débouché très important pour des produits agricoles.

Figure 1 : Situation géographique du département de Plateau

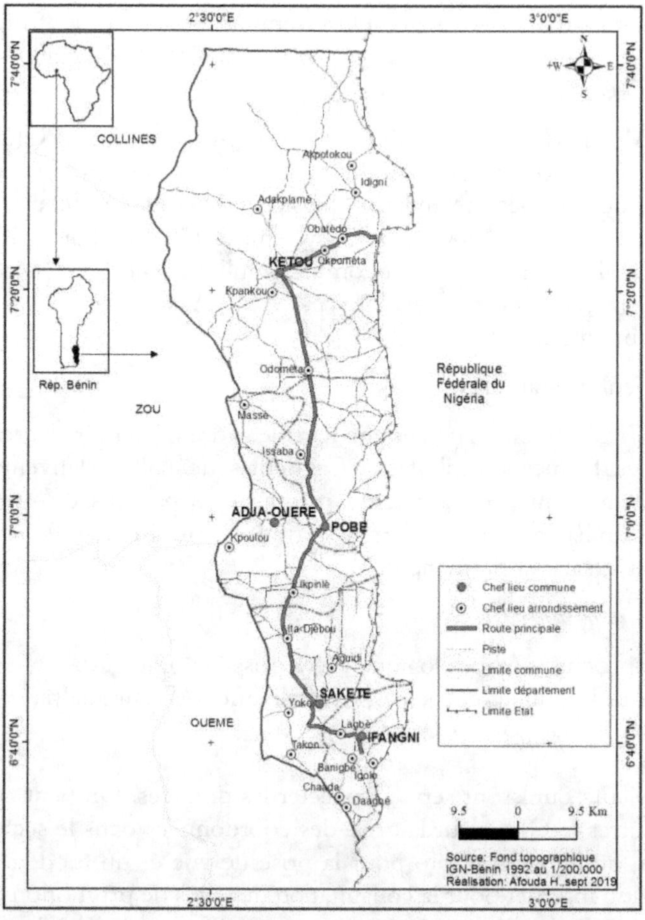

Cette recherche est structurée en deux principales parties. La première partie est consacrée à l'exposé de l'approche méthodologique. Ensuite, les principaux résultats obtenus sont présentés et discutés dans la seconde partie.

1. Définition opératoire et approche méthodologique

1.1. Définition opératoire

Technologies de l'Information et de la Communication en abrégé (TIC) est un ensemble d'outils, de services et techniques informatiques permettant de communiquer ou d'accéder aux sources d'information à distance qu'il s'agisse de l'audiovisuel, des multimédias, d'internet ou des télécommunications sous des formes de texte, musique, son, image, vidéo et interface graphique interactive etc.

GSM : Le GSM est une abréviation anglaise qui désigne Global system for mobile télécommunication et qui est une norme numérique européenne utilisant plusieurs bandes de fréquences notamment à 900 et 1800 MHz. Ce système de GSM est aujourd'hui le principal système mobile en nombre d'utilisateurs et il est présent en Europe, en Afrique et Moyen-Orient Asie et aussi sur le continent américain.

Agriculture familiale :

L'agriculture familiale désigne dans le cadre de cette recherche, l'une des formes d'exploitations agricoles de taille relativement petite à moyenne gérées par un ou plusieurs paysans du même cercle familial et qui requiert le travail de production familiale excluant le salariat permanent.

1.2. Approche méthodologie

L'approche méthodologique a été possible grâce à la prise en compte des données collectées, leur traitement et leur analyse.

1.2.1. Collecte des données

Plusieurs outils ont servi à collecter les données. On peut citer entre autres le GPS pour la prise des coordonnées dans le secteur d'étude, un appareil photo pour la prise de vue et un modem de connexion internet pour la consultation des sites de promotion des startups agricoles. Pour cela, 20 startups sur le moteur de recherche Google.fr ont été consultés à la date du 1er décembre 2019 (www.beninstartups.com). Par ailleurs, des données qualitatives des téléphones (androïde ou non) dans les cinq communes du département du Plateau par les exploitants agricoles familiaux ont été identifiées. Outre ces données, les exploitants agricoles familiaux qui écoutent la radio et regardent la télévision, ont été interrogés. Aux exploitants agricoles familiaux qui utilisent l'internet à partir de leurs téléphones androïdes, un questionnaire leur a été adressé en rapport avec les usages des réseaux sociaux

Whatsapp, *Instagram* et *Facebook*. À l'exception de ces questions, les entretiens ont été menés par rapport à l'appropriation des technologies d'usage de drones professionnels. Ensuite, les données quantitatives des statistiques agricoles du département du plateau ont été utilisées. Ces différentes données ont été complétées par des taux de couverture géographique des réseaux GSM au Bénin (MTN, MOOV etc.) et le nombre d'abonnés par opérateur GSM.

1.2.1.1. Revue documentaire

La revue de littérature a été possible grâce aux documents issus des centres documentaires de l'Université de Lomé et de l'Université d'Abomey-Calavi, en l'occurrence le Laboratoire de Recherches Biogéographiques et d'Études Environnementales (LaRBE) de l'Université de Lomé et du Laboratoire Pierre PAGNEY, Climat, Eau, Ecosystèmes et Développement (LACEEDE) de l'Université d'Abomey-Calavi, aux rapports annuels de l'Autorité de Régulation des Communications Electroniques et de la Poste (Arcep), de l'Institut National de la Statistique et de l'Analyse Economique (INSAE) au Bénin. L'ensemble de ces documents a été complété par la recherche documentaire sur internet.

1.2.1.2. Enquêtes sur le terrain

Les travaux de terrain ont été effectués à travers l'observation directe des moyens de communications comme le téléphone mobile, la présence ou non de la radio et ou de télévision au niveau des habitations des exploitants agricoles familiaux. Le questionnaire et le guide d'entretien ont été administrés à chacun des porteurs des outils des technologies d'information et de communication de chaque exploitation familiale. Au total, un échantillon de 250 exploitants agricoles familiaux a été exploité dans le département du Plateau à partir de la formule de D. Schwartz (1995, p. 314) qui est la suivante : $N = \frac{t^2 p(1-p)}{\alpha^2}$ avec N = taille de l'échantillon ; t = niveau de confiance à 95 % (valeur type de 1,96) ; p = la proportion de la population spécifiquement concernée par l'étude. Ici, on considère que 80 % des ménages agricoles enquêtés constituent les exploitants agricoles familiaux. p = n/T avec p la proportion des ménages agricoles de la Commune n = nombre de ménages agricoles du département (soit 44819, INSAE, 2016 p. 21) ; T = nombre total de ménage du département; α= marge d'erreur à 5 % (valeur type de 0,05). Ainsi, la répartition du nombre d'exploitants agricoles familiaux par localités enquêtés est mentionnée dans le tableau I ci-après.

Tableau 1 : répartition des exploitants agricoles familiaux enquêtés par commune

Commune départementale	Adja-Ouèrè	Ifangni	Kétou	Pobè	Sakètè	Total
Effectifs des exploitations agricoles	9427	3548	15712	10822	5310	44819
Nombre d'exploitants agricoles familiaux considéré	53	20	87	60	30	250

Source : Inspiré, de (INSAE, RGPH4, 2013) 2016

1.2.2. Traitement et analyse des résultats

1.2.2.1-Statistique descriptive

Le traitement des données quantitatives et qualitatives a été effectué par les protocoles statistiques ci-dessous :

- ❖ La Fréquence qui a permis d'établir une comparaison entre les valeurs échantillonnées et les statistiques obtenues au niveau de l'Arcep.

F=$\frac{\sum_i^n x_i}{N}$ Où x_i représente la modalité du donnée calculée et N le nombre total

- ❖ L'écart type

$\delta = \sqrt{V(x)}$Avec V(x) la variance des données calculées

Un test de Khi-deux a été effectué entre le niveau d'instruction des exploitants agricoles familiaux et l'appropriation des médias comme la radio et la télévision et les réseaux sociaux comme whatsapp, Instagram et Facebook.

1.2.2.2. Cadre conceptuel du modèle SWOT

Les données ont été soumises à l'analyse du modèle SWOT qui est un acronyme dont la traduction française signifie Forces, faiblesses, opportunités et menaces. Il faut remarquer que les forces(S) et faiblesses (W) sont considérées comme des facteurs internes sur lesquels une certaine mesure de contrôle est possible. Les opportunités (O) et les menaces (T) sont considérées comme des facteurs externes qui échappent au contrôle. Ce modèle a été choisi pour avoir un regard sur les axes d'intervention des startups agricoles qui sont sur la toile et plus particulièrement dans la promotion des activités des exploitants agricoles familiaux et identifier les défis d'appropriation de ces nouveaux canaux par les exploitants agricoles familiaux dans le département du plateau.

2- Résultats et discussions

Les résultats de cette recherche mettent en exergue les conditions générales des TIC au Bénin, l'utilisation des TIC dans le département du Plateau et enfin les défis auxquels les exploitants agricoles familiaux sont confrontées.

2.1- Conditions générales des TIC au Bénin

❖ Les réseaux GSM

Les technologies de l'information et de la communication englobent pratiquement toutes les technologies qui permettent de stocker, de recevoir ou de transmettre des informations, sous toutes formes et aussi par voie électronique. Ainsi, elles sont accessibles à partir de plusieurs canaux dont les opérateurs GSM et les fournisseurs d'accès internet tels que mentionnés dans les graphiques figures et tableaux ci-après. La communication téléphonique et l'accès à l'internet fournis par les acteurs varient d'une année à l'autre et d'une technologie à l'autre. De ce fait, le nombre d'abonnés par opérateurs GSM se présente comme l'indique le graphique1 ci-après.

Graphique n° 1 : Tendance du Nombre d'abonnés par réseaux GSM

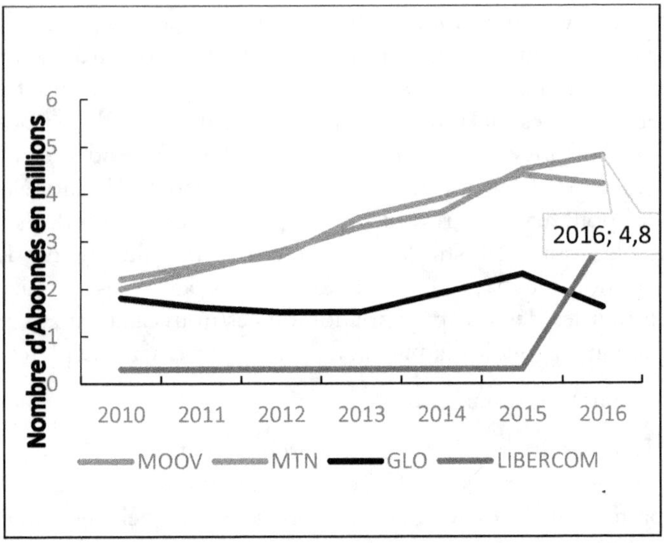

Source : données open data forafrica

Le graphique n° 1 présente l'évolution du nombre d'abonnés au niveau de chaque réseau GSM au Bénin. Il faut constater un nombre élevé d'abonnés pour les réseaux MOOV et MTN, et un nombre d'abonnés relativement faible pour les réseaux de LIBERCOM et de BBCOM au cours de cette période d'étude 2010-2016. Alors où en sommes-nous en matière du taux de couverture géographique de ces réseaux GSM.

❖ Evolution du taux de couverture géographique des opérateurs GSM

En général, le taux de couverture géographique dépasse les 60 % du territoire national pour tous les réseaux exceptés BBCOM et Libercom qui sont autour de 20 à 40 %. Cela s'explique par les difficultés de fonctionnement de ces réseaux à partir de 2012 tel que cela est mis en exergue sur la figure 2 ci-dessous. Il faut noter que les réseaux BBCOM et Glo n'existent plus sur l'échiquier national du fait des divers problèmes rencontrés par les promoteurs

Figure 2 : Taux de couverture géographique par réseaux GSM

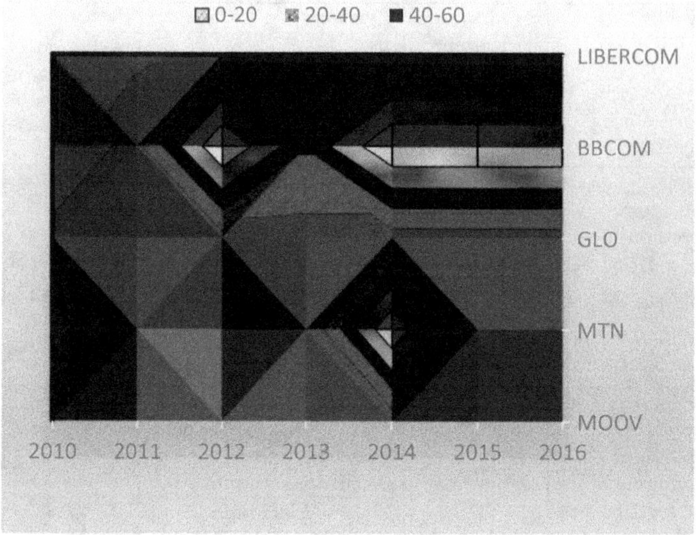

Cette figure 2 révèle que les deux réseaux qui ont un taux de couverture géographique le plus important sont les réseaux MOOV et MTN. Il faut remarquer que le taux de couverture en électricité (SBEE) est de 20 % dans le département du plateau (INSAE, 2016 p.17). Dans ce cas, utiliser des Technologies de l'Information et de Communication (mise en charge de téléphone androïde, suivre une télévision…) constituerait des difficultés non négligeables à prendre en compte surtout en milieu rural où le taux de couverture est encore plus faible soit 4, 9 % (ibidem).

2.2- Utilisation des TIC dans le département du Plateau

L'usage des Technologies d'Information et de Communication dans le département varie d'une technologie à l'autre et selon les différentes communes. Ainsi, les types de technologies d'informations et de communications se présentent comme l'indique le tableau 2 ci-après

Tableau 2 : Types de technologies d'information et de communication exploitables dans le secteur de l'agriculture

Type de TIC	Modes de fonctionnements	Quelques usages	Niveau d'appropriation dans le département du Plateau (Bénin
Drones en agriculture de précision	Surveillance par capteur à partir de la technique de télédétection Logiciel	❖ Surveillance de l'évolution des zones inondables d'un territoire ❖ Surveillance de l'évolution de criquets légionnaire ❖ Pratique de l'agriculture de précision	8% des douze départements
Téléphone mobile / Androïdes (connexion internet réseaux sociaux)	Par onde satellite ou câble optique	❖ Usage d'appel à caractère familial ou d'échange avec autrui	80 %
		❖ Transfert d'argent	20 %
		❖ Ecoute de la radio	65 %
		❖ Connexion à l'internet et divertissement	3 %
Radio (Nationale et locale) et la télévision	Par onde	❖ Sensibilisation des acteurs de l'agriculture par des émissions interactives ❖ Informations sur la tendance du marché en matière de vente ou de production agricole	60 %

Source : Résultats de terrain, 2019

Il ressort de l'examen de ce tableau 2 que l'appropriation des Technologies de l'Information et de Communication est marquée par 80 % pour l'usage de la téléphonie dans la communication entre membres des exploitants agricoles familiaux et des échanges avec autrui. Par contre 3 % sont connectés à l'internet. Par ailleurs, l'usage des drones comme technologies d'agriculture de précision est de 8 % au plan national. Fort de ces constats, on note une part importante de l'usage de la téléphonie. En ce qui concerne, l'usage de la téléphonie, il s'accroit du fait de la multiplicité des fonctions technologiques qui l'accompagnent. Elle devient l'outil de transaction des capitaux entre exploitants agricoles familiaux et les acteurs de la commercialisation des produits agricoles du secteur d'étude. Ainsi, même dans les coins et recoins les plus reculés, et même les plus difficiles d'accès, du Bénin, notamment dans le département d'étude, il n'est pas étonnant de retrouver un agent de transfert d'argent mobile de l'un des opérateurs. Toutefois, le téléphone portable n'est pas encore un outil de communication accessible à tous au niveau des exploitants agricoles familiaux dans le département du Plateau comme l'indique le graphique 2 ci-dessous.

Graphique n° 2 : Fréquence de détention et d'usages du téléphone dans le département du Plateau.

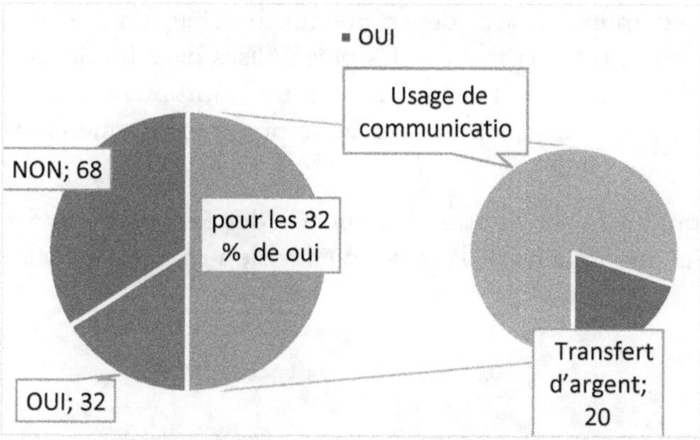

Source : résultat de terrain, Mai, 2019

Le graphique n° 2 montre que 32 % des exploitants agricoles familiaux sont dotés d'un téléphone portable, soit trois personnes sur dix des exploitants agricoles familiaux. Aussi, elle expose que le téléphone est utilisé à des fins de communications entre membre de la même exploitation et pour faire des transactions monétaires entre professionnel du secteur agricole ou même membre du cercle familial. Cependant, quelle est l'orientation qui est faite de l'usage de la connexion aux réseaux sociaux comme Whatsapp, Facebook, et Instagram dans chacune des communes du département du Plateau (confère graphique n° 3 ci-après).

Graphique 3 : type d'utilisation des TIC par commune

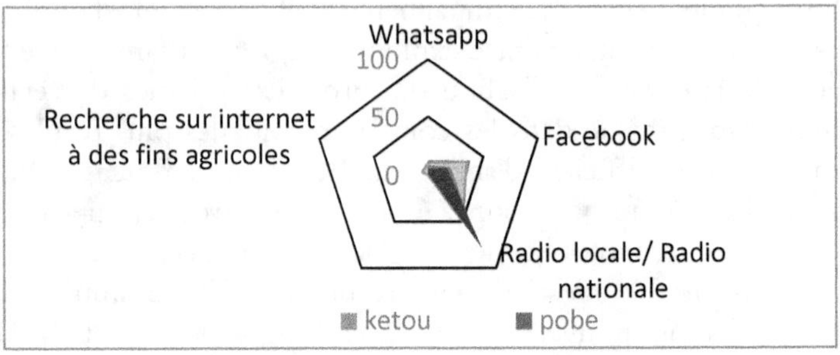

Source : résultat de terrain, Mai, 2019

Le graphique 3 traduit la situation d'usage des TIC dans les différentes communes dans le département du plateau ; Il faut noter un faible nombre d'utilisateurs de l'internet à des fins agricoles dans toutes les communes de ce département. Aussi Facebook et la radio sont les canaux d'informations les plus utilisés dans les différentes communes de ce département. Le niveau d'appropriation des TIC selon le niveau d'instruction scolaire se présente comme l'indique la graphique n° 4 ci –après.

Graphique n° 4 : Niveau d'instruction des exploitants agricoles familiaux utilisateurs de la radio et télévision et réseaux sociaux

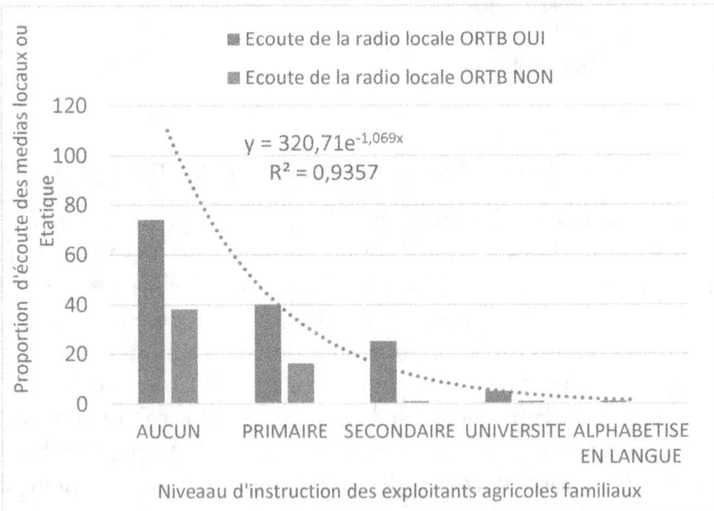

Source : résultat de terrain, Mai, 2019

L'analyse de ce graphique n°4 révèle que les exploitants agricoles familiaux écoutent plus les radios locales ou étatiques et le niveau d'instruction formel est faible. Ces résultats sont conformes à ceux de (*Viola Krebs, Kate O' Dwyer, Namory Diakhate, 2011p.7)*. Dans un tel contexte, l'un des moyens pour former ces acteurs de l'agriculture familiale se trouve être les radios locales. Le coefficient de détermination est de 0,93 et témoigne d'une bonne distribution exponentielle du niveau d'instruction des exploitants agricoles. Pour mieux apprécier l'influence des TIC en relation avec le niveau d'instruction des exploitants agricoles familiaux, un test non paramétrique de Khi-deux a été appliqué et dont les résultats se trouvent dans le tableau 3.

Tableau 3 : Résultats du test de Khi-deux relatif à la relation Instruction et utilisation des TIC

			Niveau d' Instruction	Ecoute de la radio locale ORTB	Usage des réseaux sociaux à des fins d'utilités agricoles
Khi-deux			209,622	1,796	155,866
Ddl			4	1	1
Signification asymptotique			,000	,180	,000
Signification de Monte Carlo	Signification		,000	,202	,000
	Intervalle de confiance à 99%	Borne inférieure	,000	,191	,000
		Borne supérieure	,000	,212	,000

Source : résultats, 2019

Le tableau 3 révèle que le test de Khi-deux lu est de 209,622 et de 155,86 respectivement pour le niveau d'instruction scolaire et pour l'usage des réseaux sociaux au seuil significatif de 1%. Ainsi, il apparaît que le niveau d'instruction et l'usage des réseaux sociaux sont liés. Dès lors, pour remédier à la situation, la vulgarisation et le renforcement de l'instruction des exploitants agricoles familiaux à court ; moyen et long terme sont à envisager pour augmenter la chance de ces acteurs à l'appropriation des technologies de l'information et de la communication. La création d'un centre de technologies de l'information et de la communication pour le renforcement des capacités dans les milieux ruraux pourrait apporter une réduction de la fracture numérique qui s'observe entre les non scolarisés et les personnes instruites à travers le département du Plateau et par extension dans d'autres contrés du continent africain. S'agissant des 20 startups béninoises consultées sur internet, les forces, faiblesses, menaces et opportunités ont été analysées dans le tableau IV ci-après.

Tableau 4 : cadre conceptuel du modèle SWOT appliqué aux startups agricoles

Startup agricole / Site web	S	W	O	T
Usage du Drone AgriLeap / https://agridigitale.net › art-l_agriculture_de_précision_dbarque_au_bnin_	Matériau d'aide à la production agricole Identification des caractéristiques des cultures, des types de sols, de besoins en eau et des besoins en engrais d'une parcelle donnée Temps d'exécution court (10 à 15 mn par hectare)	Méconnaissance de cette technologie Prix d'accès à ce service relativement élevés pour les exploitants agricoles familiaux Faible visite des acteurs locaux du site dédié Non Prise en compte du faible taux de scolarisation des agriculteurs dans la conception du site	Augmenter l'appropriation de cette technologie dans tous les départements Création de nouvel emploi Possibilité d'offrir un nouveau moyen de communication voir « alphabet numérique » Etablir les règles de fonctionnements et de circulation au plan national ou ouest-africain Création d'une base de donnée et d'archivage des données de drones	Faire Usage de cette technologie à des fins autres qu'agricoles terrorismes Espionnages et perturbation du système sécuritaire d'un pays Problème de gestion des données issues de l'analyse de terrain
Usage de l'internet (startup)	Matériau de promotion des produits agricoles et d'organisation de la chaine agricole	Plateforme ne permet pas de prendre le faible niveau éducatif des acteurs de l'agriculture	Capitaliser des techniques et connaissances agricoles entre matière de production	Concurrences sur le marché avec les produits des autres

Agro Benin, http://beninstartups.com › agro-benin-plateforme-de-coaching-des-agriculteurs	Plateforme de formation et coaching des agriculteurs en ligne, vente des produits agricoles, union de plusieurs producteurs	La non prise en compte du marché de notre grand voisin du Nigéria locutions anglophones Volatilité du marché	selon chaque zone d'intervention Valoriser les produits agricoles locaux Richesse de la diversité des produits à mettre pour la commercialisation	pays du monde Problème de compétitivité avec sur la toiles Pertes de l'originalité dans le souci de la conformité à l'exigence du marché international
ATINGAN (startup de foyer écologique)	*Matériau de transformation des produits agricoles* *Cuisson des aliments de façon écologique* *Gain de temps*	Coûts inaccessibles aux petits exploitants agricoles Barrière linguistique Lenteur du marché	Maitriser le processus de transformation des produits agricoles en produits alimentaire à l'échelle industrielle	Temps de maîtrise du processus long, Difficultés de mobilisation des moyens finances dans un délai court
Biophyto Biophyto-benin.com	*Matériau de production* *Commercialisation des bios pesticides et engrais organiques pour une agriculture saine* *Tendance à une demande croissance forte de cette production*	Couverture territoriale non encore satisfaite Produits limités à quelques cultures	Elargissement sur le marché Ouest-Africain et au monde Rendre compétitif	Incapacité de la startup à faire face à la demande Concurrence des produits des multinationales dans le secteur d'activité

Source : résultats de terrain, 2019

De l'examen de ce tableau IV, on découvre que les startups soumises à l'analyse du cadre conceptuel du modèle SWOT montrent trois types de matériaux en rapport avec la production agricole, l'apport des techniques nouvelles comme la caractérisation des conditions optimales de culture et l'apport d'engrais et de pesticides biologiques, dans la transformation des produits agricoles (cuissons et préparations des aliments) et enfin la promotion et commercialisation des produits agricoles. Il faut noter que chaque startup est potentiellement apte à fournir un service plus ou moins important aux exploitants agricoles familiaux. Toutefois, il faut préciser que sur l'ensemble des startups analysées, il n'existe pas une seule startup qui s'est penchée sur la question de l'organisation des circuits de ventes de la production des exploitations agricoles familiales. Aussi, constate-t-on l'absence des startups qui prennent en charge des questions de risques agricoles sur les changements climatiques. Il convient de retenir que le département du plateau, en tant que département de transition, peut tirer largement profit de sa situation géographique en développant de telles startups pour booster son développement. Ces résultats sont similaires aux travaux commandités par G. Boni *et al.* (2019 p. 411 ; CTA, 2019 ; BM et FAO, 2011) et plaident pour une augmentation des investissements dans la digitalisation du secteur agricole.

2.3- Défis et contraintes de l'appropriation des TIC par les exploitants agricoles familiaux

De tout ce qui précède, l'appropriation des Technologies de l'information et de la communication au niveau du secteur de recherche est affectée par plusieurs goulots d'étranglement. En effet, les exploitants agricoles familiaux constituent pour le département du Plateau l'un des acteurs majeurs de développement des activités agricoles au Bénin mais confrontés à de nombreuses contraintes et défis. Or la nouvelle donne numérique pourrait devenir l'un des atouts les plus pertinents pour améliorer le bien-être des exploitants agricoles du fait de son potentiel de plus en plus croissant et de sa fonctionnalité automatisée. On peut distinguer plusieurs contraintes telles que :

- le faible taux de couverture géographique de l'énergie, un problème qui freine la progression et l'appropriation des TIC
- difficultés climatiques (inondations, pluie tardive, séquences sèches, pluie précoce, recrudescences des vents violents, apparition des pluies extrêmes, etc.),
- des problèmes de perte de récoltes, l'intrusion des pathologies nouvelles et

des problèmes de commercialisation et d'accès aux ressources financières dans les institutions de micro-finances.

L'intrusion des nouvelles technologies de l'information dans le domaine de l'agriculture dans bien de pays, fascine l'entendement notamment dans l'utilisation des drones pour suivre les cultures du semis jusqu'à la production. En effet, même si on peut constater qu'avec les exploitants agricoles familiaux, l'acquisition d'un drone ne serait pas chose aisée du fait de leurs revenus relativement faibles, il serait tout de même utile que l'Etat s'engage à accompagner ces petits exploitants à partir d'une régionalisation de ces acteurs dans l'acquisition de ces engins. Du reste, le drone avec sa capacité multiple (militaire et civile), son usage mérite d'être contrôlé pour éviter les dérapages potentiels.

Conclusion

En définitive, le niveau d'appariation des TIC par les exploitants agricoles familiaux dans le département du Plateau est faible. Toutefois, ce niveau d'appropriation varie selon qu'il s'agisse de l'usage du téléphone à des fins de communication entre les mêmes membres familiaux et avec autrui, ou à des fins de la recherche relative à la commercialisation des produits agricoles ou encore pour le transfert d'argent. Les startups béninoises sont plus orientées vers la promotion de vente et de consulting et prennent moins en charge les problèmes des exploitants agricoles familiaux sur le plan organisationnel de la filière. Le degré d'appropriation des TIC au Bénin et particulièrement dans le département du plateau est soumis à plusieurs contraintes, les contraintes d'accessibilité à l'énergie, les contraintes liées aux niveaux scolaires des exploitants agricoles familiaux. Ainsi, l'appropriation des technologies de l'information et de communications bien qu'importante, doit être une aubaine de développement pour tous les secteurs de la sphère de développement, en général, mais celui des exploitants agricoles familiaux en particulier. Il revient d'initier des projets de création des centres de technologies de l'information et de la communication pour la promotion et l'imbrication de l'agriculture digitale au niveau des acteurs. Dès lors le Bénin et le continent Africain n'a de choix que de promouvoir les accélérateurs de promotions sociales tels que les technologies de l'information et de la communication.

Références bibliographiques

Banque Mondiale (BM) et FAO, *2012. Forum 4, Les TIC dans l'agriculture : connecter les petits exploitants aux connaissances, aux réseaux et institutions, 12 pages, consulté le 01 décembre 2019.e-agriculture book.* www.e-tic.net

BONI Gratien, ABOUBAKAR Moussa WARI, ISSA Maman-Sani et BOSSA C. S. Arielle, 2019. *Production du riz dans la Commune d'Adja-Ouèrè au Sud-Bénin : Profils sociodémographiques et statuts fonciers des acteurs. Livre des résumés du VII*e Colloques de l'université d'Abomey-Calavi. pp 422.

CTA, 2013. *Tic et agriculture, la parole aux jeunes Façonner l'avenir du développement rural des pays ACP grâce aux nouvelles technologies,* ISBN 978-92-9081-530-3, consulté 17 décembre 2019 à 20h sur le site www.cta.int.

PASQUATI RAMOS Eric, 2011. *L'appropriation socioculturelle du téléphone portable par des agriculteurs de la boucle du Mouhoun, Burkina Faso Contribution à une approche socioculturelle des TIC pour le développement socio-économique*, Thèse de doctorat, science de l'information et de la communication, Convention CIFRE n°904/2007, Université Paris Ouest Nanterre la Défense.

Debailleul Guy et Fournier Martin, 2007. *Politiques agricoles et mesure de soutien à l'agriculture familiale dans les principaux pays de l'OCDE*, Etude préparée pour l'étude pour la commission sur l'avenir de l'agriculture et de l'agroalimentaire québécois.

Lohento Ken, 2003. *Usages des NTIC et médiation des savoirs en milieu rural Africain : Etudes de cas au Bénin et au Mali*, Mémoire DEA, sciences de l'information et de la communication, Ecole Doctorale « Connaissance et culture », Université Paris X-Nanterre, Consulté, le 17 décembre 2019 à 19h sur le site http://www.iafric.net/memodea/beninmali.pdf

SCHWARTZ Diamond, 1995. *Méthodes statistiques à l'usage des médecins et des biologistes,* 4è edition. Editions médicales, Paris, Flammarion, .

Technical Centre for Agricultural and Rural Cooperation *(CTA), 2019. the digitalisation of african agriculture report 2018–2019*, 1st edition

Union Africaine (UA) et NEPAD, 2018. *Des drones à l'horizon, transformer l'agriculture en Afrique*, rapport du panel de haut niveau africain sur les technologies émergentes.

Viola Krebs, Kate O' Dwyer, Namory Diakhate, 2011. L'utilisation des technologies par des agriculteurs en Afrique de l'Ouest, *IC Volunteers. org*. http://www.icvolunteers.org consulté le 03 décembre 2019.

CHAPITRE 5

Croissance démographique et impacts environnementaux des systèmes culturaux dans la commune de Glazoué au Benin

Appolinaire ALINENOU, Ibouraïma YABI, Koudzo SOKEMAWU, Euloge OGOUWALE
Université d'Abomey–Calavi/ Université de Lomé

Résumé :_La Commune de Glazoué est caractérisée par une forte croissance démographique qui induit d'importantes mutations dans l'agriculture familiale. L'objectif de cette recherche est de déterminer les incidences de la croissance démographique sur le paysage agraire dans la Commune de Glazoué. L'analyse des données démographiques issues des Recensements Généraux de la Population et de l'Habitation de 1979 à 2013 et une projection à l'horizon 2050, des données de l'Image Landat ETM+ 1986, 2002 et 2016 et résultats de calculs, des données cartographiques et des données socio-anthropologiques obtenues en milieu réel a permis d'appréhender les différentes mutations de l'agriculture familiale au cours de la période d'étude. L'analyse des résultats a été faite à l'aide du modèle PIER. La Commune de Glazoué, aux caractéristiques physiques peu favorables, connaît le taux d'accroissement (2,80 %) le plus élevé du département des Collines et de très fortes densités rurales parfois supérieures à 70 hbts/km² dans certains Arrondissements. Confrontées à la pression démographique et aux contraintes socio-économiques, les mauvaises pratiques culturales font que les formations végétales naturelles ont du mal à se maintenir. Les résultats des travaux ont montré que la croissance démographique a conduit à des Impacts environnementaux des systèmes culturaux dans la Communes de Glazoué (85 % selon les enquêtés).
Les techniques de production doivent être revues afin d'accroitre les rendements et la gestion durable des terres agricoles. Il revient

aux chercheurs et à tous les acteurs du monde rural de rendre positive la croissance démographique pour le développement de l'agriculture.
Mots-clés : pression démographique, impact environnementaux, systèmes agraires, commune de Glazoué (Bénin).

Abstract: The Township of Glazoué is characterized by a strong demographic growth that leads important mutations in the domestic agriculture. The objective of this research is to determine the impacts of the demographic growth on the agrarian landscape in the Township of Glazoué. The analysis of the demographic data descended of the General Censuses of the Population and the dwelling of 1979 to 2013 and a projection on the horizon 2050, of the data of the Landat picture ETM+ 1986, 2002 and 2016 and results of calculations, the cartographic data and the socio-anthropological data gotten in real environment permitted to fear the different mutations of the domestic agriculture during the period of survey. The analysis of the results has been made with the help of the PIER model. The Township of Glazoué, to the physical features little favorable, knows the rate of growth (2,80%) relatively the most elevated of the department of the Hills and very strong farming densities sometimes superior to 70 hbts/km2 in some Precincts. Confronted to the demographic pressure and the socioeconomic constraints, the bad practices culturales makes that the natural plant formations have difficulty maintaining itself/themselves. The results of works showed that the demographic growth drove to environmental Impacts of the systems culturaux in the Townships of Glazoué (85% according to them investigated). The techniques of production must be improved to increase the outputs and the lasting management of the agricultural earths. He/it comes back to the researchers and all actors of the farming world to make positive the demographic growth for the development of agriculture.

Keywords : Demographic pressure, impact environmental, agrarian systems, township of Glazoué (Benin).

Introduction

Les milieux ruraux d'Afrique subsaharienne ont connu durant les deux dernières décennies un accroissement démographique annuel de près de 2,5 % en moyenne (G. Wokou, 2014, p.13) et (A. Appolinaire, T. Hossou Codjo et E. Ogouwalé, 2019, p.324). Avec la croissance de la population, on assiste à une augmentation des emblavures et la durée des jachères se raccourcit ; ce qui contribue à la dégradation du paysage agraire avec pour conséquences immédiates, la destruction de la végétation et l'érosion des sols (FAO, 2002, p.214 et B. S. Adjahossou, 2005, p.232). L'homme, qui n'a pas su trouver un équilibre entre son système d'exploitation et le milieu naturel, demeure l'agent principal de l'évolution régressive de la végétation. La pratique de l'agriculture itinérante sur brûlis par des communautés paysannes qui ont de profondes racines historiques, sociales et économiques demeure l'une des principales causes du manque de parcelles cultivables suite à la pression démographique et à l'utilisation des produits chimiques (A. K. Akibodé, 1992, p.23-43). Avec l'augmentation de la population, on assiste à une augmentation des emblavures et la durée des jachères se raccourcit ; ce qui contribue à la dégradation des écosystèmes avec pour conséquences immédiates, la destruction de la végétation et l'érosion des sols (FAO, 2002, p.214) et (S. B. Adjahossou, 2005, p.234).

M. Griffon et I. Marty (1993, p.288) explique la théorie malthusienne tout en précisant qu'une population trop importante est toujours cause de la dégradation des composantes de l'environnement et des moyens de sa production agricole. Cette population migre lorsque la famine menace, déplaçant le problème dans d'autres localités. Dans cette optique, ces auteurs établissent sur le plan théorique un lien de causalité entre l'évolution démographique, la production agricole et la dégradation de l'environnement (J. Dossoumou, 2010, p.92).

La régression croissante de la diversité biologique, des habitats et l'extinction de plusieurs espèces sauvages due à la destruction du couvert végétal liée aux systèmes de production agricole augmentent la vulnérabilité de l'environnement et accentuent les risques d'insécurité alimentaire (FAO, 1997, p.17). Déjà dépourvue de moyens lui permettant de développer des actions de restauration des principales composantes de l'environnement, la population agricole des pays en développement doit supporter une grande partie des coûts liés à la dégradation de l'environnement (FAO, 2000, p.115-120).

Face à ce constat, l'article est subdivisé en quatre (4) parties à savoir : la démarche méthodologique qui a permis d'obtenir les résultats, la présentation du secteur d'étude, les résultats et discussions.

1. Démarche méthodologique

Cette partie présente la collecte des données, le traitement des données et méthode d'analyse des résultats.

1.1. Collecte des données

Cette collecte s'est faite en deux étapes : d'abord par la recherche documentaire puis par les travaux de terrain.

1.1.1 Enquête sur le terrain

Les travaux de terrain se sont déroulés en deux phases : une phase exploratoire et une phase d'enquête proprement dite pour la collecte des données.

Pendant la phase exploratoire c'est la technique d'enquête par sondage qui a été utilisée. Les enquêtes qui font suite aux travaux d'échanges et d'observation sur le terrain permettent de rechercher des informations complémentaires pour mieux comprendre un certain nombre des faits explorés.

La phase d'enquête proprement dite a consisté à administrer le questionnaire.

1.1.1.1. *Echantillon*

L'unité primaire de sondage est le village. La Commune est considérée comme un domaine d'étude pour lequel sont fournis, tous les indicateurs clés de l'étude. Pour respecter la représentativité, une allocation de l'échantillon spécifique à la Commune est appliquée. L'échantillon de la Commune est ensuite réparti dans les villages.

Le choix des personnes interrogées est fait suivant les critères ci-après :

- ✓ être chef de ménage agricole ayant des champs en exploitation ;
- ✓ habiter dans la Commune ces cinq (05) dernières années.

Un échantillon est réparti sur tous les ménages agricoles (11230 ménages agricoles) de la Commune de Glazoué au Bénin suivant la méthode de D. Schwartz (1995, p.314). C'est une méthode qui permet d'opérer en un temps record sur un grand espace géographique. En effet, plus la population totale est grande plus l'échantillon à enquêter est petit.

Sa formule est : $n = \frac{t^2.q(1-p)}{E^2}$, Avec :

n = taille de l'échantillon ; t = niveau de confiance à 95 % (valeur type de 1,96) ; q = Estimation de la proportion de la population spécifiquement concernée par l'étude. Ici, on considère que 20% des ménages agricoles enquêtés peuvent avoir les caractéristiques recherchées par l'étude.

p = n/N avec p la proportion des ménages agricoles de la Commune n = nombre de ménages agricoles par Arrondissement; N = nombre total de ménage dans la Commune; E= marge d'erreur à 5 % (valeur type de 0,05)

$n = \frac{1,96^2.0,20(1-0,20)}{0,05^2}$, n = 245,8624 = 246

Au total 271 ménages sont repartis dans 20 zones de dénombrement (ZD) correspondant au village. Deux villages par Arrondissement sont ciblés, au premier degré, un échantillon de 20 zones de dénombrement (ZD) correspondant au village sont tirées avec une probabilité proportionnelle à la taille. La taille étant le nombre de ménages recensés lors du RGPH de février 2013.

1.2. Traitement des données et méthode d'analyse des résultats

Les questionnaires remplis et renseignés sont traités avec le logiciel IBM SPSS Statistics 21. Les perceptions socio-anthropologiques de l'évolution de l'agriculture familiale sont extraites des informations fournies par la population enquêtée. Les résultats obtenus des traitements manuels sont intégrés dans le logiciel SPSS afin de tester leur significativité à un seuil de 95% soit une marge d'erreur de 5%.

Pour l'analyse des résultats le modèle PEIR (Pression/Etat/Impacts/Réponses) a été utilisé pour analyser les implications sociales de la dynamique de population dans le secteur de recherche.

Cette approche a permis de comprendre les problèmes sociaux et environnementaux qui découlent d'une telle évolution de la population de la Commune de Glazoué.

1.2.1. Dynamique des formations végétales

Cette partie présente l'analyse statistique des changements d'état de la végétation.

- *Matrice de transition*

La matrice de transition permet de mettre en évidence les différentes formes de conversion qu'ont subies les formations végétales entre deux instantanées. Elle est constituée de X lignes et de Y colonnes. Le nombre des lignes de la matrice indique le nombre de formations végétales au temps t0 ; le nombre Y de colonnes de la matrice est le nombre de classes de végétation converties au temps t1 et la diagonale contient les superficies des formations végétales restées inchangées. Les transformations se font donc des lignes vers les colonnes. Les superficies de ces différentes classes de végétation ont été calculées à partir du croisement des cartes de végétation de deux dates à l'aide de la fonction *Intersect* de la boîte à outils Arctoolbox du logiciel Arc GIS 9.3.

- *Taux de conversion*

Le taux de conversion d'une classe de végétation correspond au degré de transformation subie par cette classe de végétation en se convertissant vers d'autres classes. C'est alors la quantité de changements observés au niveau d'une formation végétale entre deux dates t0 et t1. Il permet ainsi de mesurer le degré de conversion d'une formation végétale en d'autres unités d'occupation du sol. Pour rechercher un lien entre la population et les unités d'occupation du sol, les études de corrélations entre l'évolution de l'effectif de la population et l'évolution des formations naturelles (forêts galerie, savanes arborées et arbustives, ...) de la Commune sont réalisées. La corrélation permet d'établir un lien entre deux variables sans pour autant définir strictement les causalités de la dépendance entre les deux paramètres. Mais, elle montre la plus ou moins grande variance du second élément non constant en fonction du premier, créant ainsi la fonction linéaire : r = f (x)

La formule utilisée est :

$$r = \frac{COV(X,Y)}{\sigma X \times \sigma Y}$$, Avec

r = coefficient de corrélation

COV(X, Y) = covariance de x et y

x = variable effectif de la population

y = variable superficie des unités d'occupation du sol

$\sigma(x)$ = écart-type de x

σ(y) = écart-type de y

Il est toujours compris entre – 1 et 1.

Si 0,6 <|r|< 1, alors les deux caractères étudiés évoluent de la même manière et l'évolution de l'un influe sur l'autre. Dans ce cas, les deux caractères sont fortement corrélés ;

Si 0,3 <|r|< 0,6, les deux caractères évoluent de manière approximativement identique. Ils sont dans ce cas moyennement corrélés ;

Si 0 <|r|< 0,3, les deux caractères sont indépendants. Par conséquent, il n'existe aucune corrélation entre les deux caractères étudiés ;

Si r < 0, les deux caractères évoluent en sens inverse ;

Si r > 0, les deux caractères évoluent dans le même sens.

Par ailleurs, le taux annuel d'expansion spatiale a été calculé entre 1986, 2000 et 2016 à partir de la formule de Bernier (1992) avec comme variable la superficie (S) des formations naturelles.

$$T = \frac{lnS2 - lnS1}{t\ln e}$$, avec :

S1, la superficie occupée par une unité en 1986 ;

S2, la superficie occupée par la même unité en 2016 ; t, le nombre d'années d'évolution ; ln, le logarithme népérien ; e, la base des logarithmes népériens (e = 2,71828).

De même le taux de conversion entre 1986 et 2016 a été calculé suivant la formule de

$$TC \quad = \frac{\sum ST - Ss}{\sum ST}, \text{ avec :}$$

TC le taux de conversion, ST les superficies des unités d'occupation du sol issue de la conversion d'une formation végétale, Ss la superficie de la même formation végétale demeurée stable à la date t1.

Le calcul du taux moyen annuel d'expansion a permis d'essayer une projection en 2025 de quelques unités d'occupation du sol si les conditions actuelles se maintiennent.

1.2.2. Analyse diachronique du sol entre 1986, 2000 et de 2016

L'étude de la dynamique de l'occupation du sol de 1986, 2000 et 2016 est faite en exploitant les images Landsat TM de 1986, ETM+ de 2000 et ETM+ de 2016. Ces images ont été complétées par le contrôle de terrain. Elles ont aidé à analyser l'évolution des différentes unités d'occupation du sol entre 1986, 2000 et 2016 grâce au protocole ci-après :

$\Delta U = S2016 - S1986$

où S_{1986} est la superficie occupée par une unité en 1986 ; S_{2016} la superficie d'occupation du sol de la même unité en 2016 et ΔU la variation de cette superficie entre 1986 et 2016.

Si : $\Delta U = 0$ alors, il y a stabilité ; $\Delta U > 0$ alors, il y a évolution progressive ; $\Delta U < 0$ alors, il y a évolution régressive.

La superposition des cartes d'occupation de 1986 et de 2016 a permis de faire la synthèse (mutation des composantes environnementales) de l'occupation du sol dans la Commune de Glazoué au Bénin. Cette méthode est utilisée pour faire le bilan d'évolution des différentes unités d'état de surface de 1986 à 2016.

1.2.3. *Détermination de la population à l'horizon 2050*

Sur la base du taux d'accroissement naturel déterminé à partir des années 1979 et 2013, les valeurs extrapolées de la population à l'horizon 2050 (J. Dossoumou, 2010, p.92) résultent de l'application de la formule : $Paf = Paie^{r(af-ai)}$ (2) Avec,

Pai : population de l'année initiale (2013) ; *Paf* : population de l'année de projection (2050) ; *af* - *ai* : écart entre l'année de projection et l'année initiale ; *r* : taux d'accroissement annuel où

$r = \left[\log\left(\frac{P2}{P1}\right)\right]/t$ (3) avec, *P1* et *P2* = populations des années considérées ; *t* = différence entre les deux années considérées.

Cette démarche méthodologie adoptée lors de cette recherche a permis d'obtenir les résultats suivants.

2. Glazoué, une Commune rurale au centre du Bénin

La Commune de Glazoué est un territoire à caractère rural situé au cœur du département des Collines à 234 Km de Cotonou, la Capitale économique du Bénin. Elle est limitée au Nord par Ouèssè et Bassila, au Sud par Dassa, à l'Est par Ouèssè et Savè et à l'Ouest par Bantè et Savalou. Située entre 7°45' et 8°30' de latitude Nord et entre 2°05' et 2°25' de longitude Est, le territoire de la Commune s'étend sur une superficie de 1.750 Km^2 (M. Gibigayé, 2013, p.57-58). La figure n°1 présente la situation géographique et administrative de la Commune de Glazoué.

Figure n°1 : Situations géographique et administrative de la Commune de Glazoué

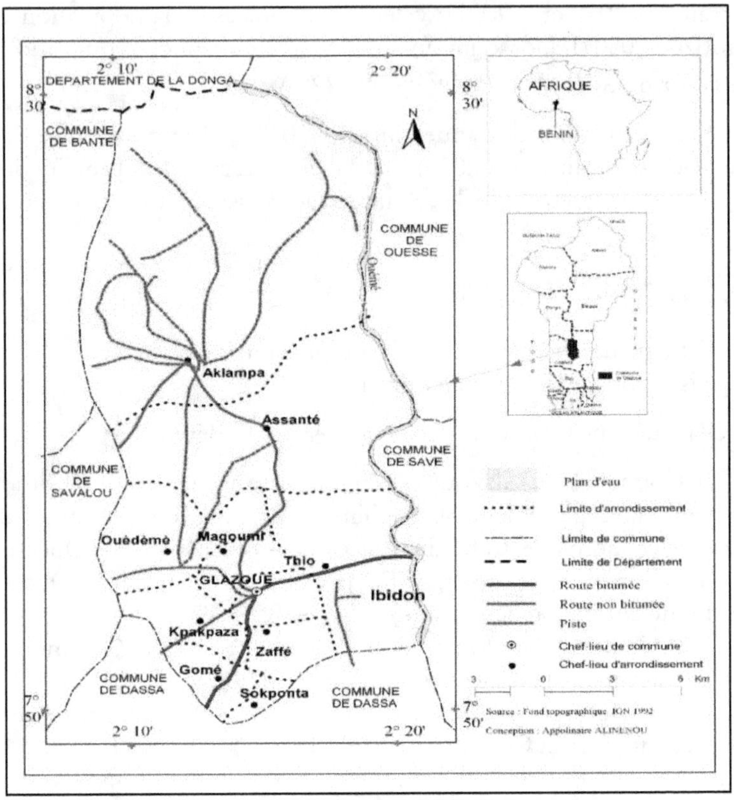

Source : A. ALINENOU, Janvier 2019

La figure n°1 illustre la localisation et le découpage administratif des Arrondissements de la Commune de Glazoué. La Commune compte 48 villages administratifs répartis dans dix (10) Arrondissements que sont : Aklampa, Assanté, Glazoué, Gomé, Kpakpaza, Magoumi, Sokponta, Ouèdèmè, Thio et Zaffé. Sur l'ensemble de ces villages se développent les activités agricoles qui constituent l'activité principale des populations. La Commune de Glazoué est une Commune située au centre du Bénin, au cœur du département des Collines où s'est effectué la collecte des données.

2.1. *Unités morphologiques et topographiques caractéristiques du secteur de recherche*

L'aire d'étude se caractérise par un relief relativement peu accidenté et un réseau hydrographique peu dense, favorable à l'installation de la population.

2.1.1. *Un milieu au relief peu accidenté*

Il s'agit d'une pénéplaine cristalline composée de collines. Il est peu accidenté sur sol granitique et d'altitude en moyenne comprises entre 200 à 300 m. Il constitue le support de la production agricole.

Les sols qui occupent la majeure partie du territoire sont de deux types : les sols ferrugineux lessivés à concrétions sur roche cristalline ; les sols ferrugineux lessivés à pseudo Gley et à concrétions. La mauvaise gestion de la plupart de ces sols (brûlis des résidus de récolte, feux de brousse, système de production extensif, utilisation anarchique des engrais minéraux dans la production cotonnière) est à l'origine de la baisse de leur fertilité, ce qui pousse les producteurs à s'aventurer très loin du village à la recherche de bonnes terres de culture ; d'où les nombreuses fermes présentes dans le secteur. A l'origine de la création de ces fermes se trouve souvent la culture d'igname. En effet, confrontés à l'épuisement des terres les plus proches du village, les paysans sont obligés de s'éloigner pour trouver des terres fertiles propices à la culture de l'igname. Les temps de marche deviennent donc importants et diminuent les efforts physiques. Pour éviter cette situation, les producteurs sont contraints de construire des logis temporaires sur les champs et y demeurent pendant les périodes de pointe d'activité.

2.1.2. Aspect pédologique

Le sol est une formation naturelle de surface à structure meuble, d'épaisseur variable, résultant de la transformation de la roche mère sous l'influence de divers facteurs physiques, chimiques et biologiques (LSSEE, 2004). Nombreux sont les types de sols qui caractérisent la Commune de Glazoué (figure 2).

Figure n°2 : Pédologie de la Commune de Glazoué

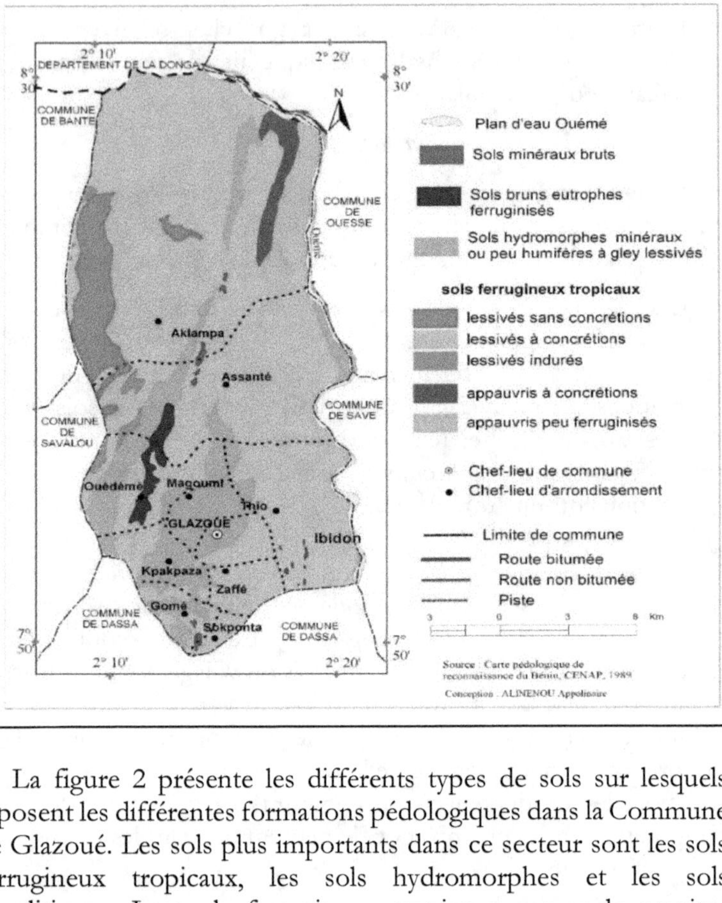

La figure 2 présente les différents types de sols sur lesquels reposent les différentes formations pédologiques dans la Commune de Glazoué. Les sols plus importants dans ce secteur sont les sols ferrugineux tropicaux, les sols hydromorphes et les sols ferralitiques. Les sols ferrugineux tropicaux sur socle granito-gneissique sont plus ou moins concrétionnés et lessivés présentant des carapaces de bas-pente.

L'ensemble de ces sols, en relation avec les unités géologiques et morphologiques, constitue une potentialité importante pour les activités agricoles dans le secteur d'étude. Ces sols présentent des aptitudes culturales très favorables pour la culture des tubercules, des céréales, maïs, riz, sorgho, arachide, coton et autres, (H. Essouman, 1992, p.135). Ainsi, du fait qu'ils soient des sols homogènes, profonds, perméables et riches en matières nutritives et pas trop humides, conviennent aux activités de la culture du maïs, d'arachide, des tubercules dans le secteur d'étude. Ces formations pédologiques que l'on trouve dans la Commune de Glazoué ont des aptitudes culturales reconnues par les paysans et constituent des facteurs favorables d'attraction de nombreuses populations en quête de terres fertiles pour la production agricole.

2.1.3. Régime pluviométrique très instable impact les activités agricoles

La Commune de Glazoué, en raison de sa situation géographique, jouit d'un climat de transition entre le climat subéquatorial à deux saisons de pluie et le climat soudano-guinéen à une seule saison de pluie. Ainsi, d'une année à une autre, l'évolution des précipitations change radicalement passant tantôt d'une année à une saison de pluie tantôt à une année à deux saisons de pluie et vice versa. La grande difficulté pour les producteurs consiste à prévoir l'avènement d'une année à deux ou une seule saison de pluie. Face à cette situation d'incertitude, ils sont contraints de développer des stratégies de production dont notamment la diversification des cultures.

D'une manière générale, jusqu'aux années 1990, les précipitations annuelles variaient entre 800 mm et 1300 mm. De nos jours, avec les aléas climatiques, les précipitations peuvent descendre en deçà de 800 mm (cas de 2001 avec 717 mm) ou être au-delà de 1300 mm (cas de 2003 avec 1450 mm) (H. M. Padonou, 2011, p. 58). La figure 3 présente le régime moyen mensuel des hauteurs pluviométriques dans la Commune de Glazoué entre 1987 et 2017.

Figure 3 : Régime moyen mensuel des hauteurs pluviométriques dans la Commune de Glazoué entre 1987 et 2017

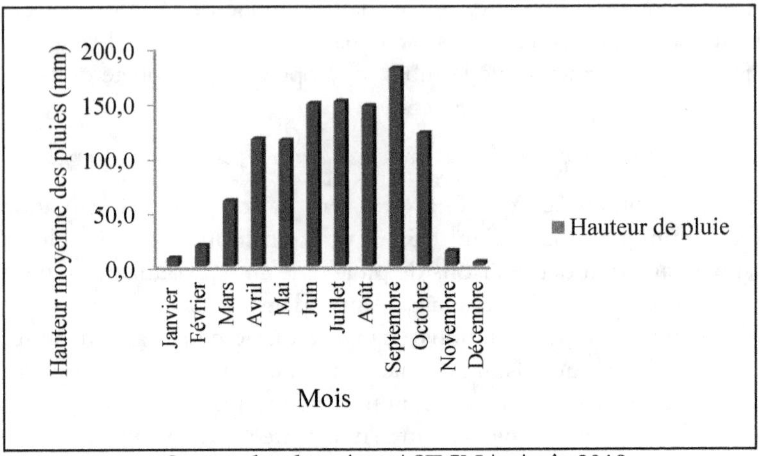

Source des données : ASECNA, Août 2018

De l'analyse de la figure 3, il ressort qu'il y a une saison pluvieuse d'avril à octobre et une saison sèche de novembre à mars. La saison des pluies débute globalement en avril avec une moyenne pluviométrique d'environ 116 mm et s'étale jusqu'en septembre où il atteint un pic (181,1 mm), puis diminue progressivement jusqu'au mois d'octobre. En effet, cette diminution brutale des hauteurs pluviométriques a des effets néfastes sur la culture de l'arachide souvent en pleine phase de développement. Les mois de juin, juillet et septembre sont généralement les plus arrosées dans l'année. Ces mois fournissent d'importantes réserves d'eau au sol ce qui, impacte négativement la culture de l'arachide avec des risques de perte des récoltes ou de production par la fréquence des crues.

2.1.4. Espace aux réseaux hydrographiques peu dense favorable à l'installation de la population

En matière d'hydrographie, la Commune de Glazoué est pauvre en cours d'eau. En dehors du fleuve Ouémé qui sert de frontière naturelle entre cette Commune et celles de Ouessè au Nord-Est et de Savè à l'Est, la Commune ne compte que quelques rivières. Ce sont Riffo (affluent de l'Ouémé), Agbanlin-Djetto, Kotobo, Ahokan, Trantran, Klou, Agbavi, Djelo, Femanou et Douga (R. T.

G. Kadjegbin, p. 170). La figure 4 présente le réseau hydrographique de la Commune de Glazoué.

Figure 4 : Réseau hydrographique de la Commune de Glazoué

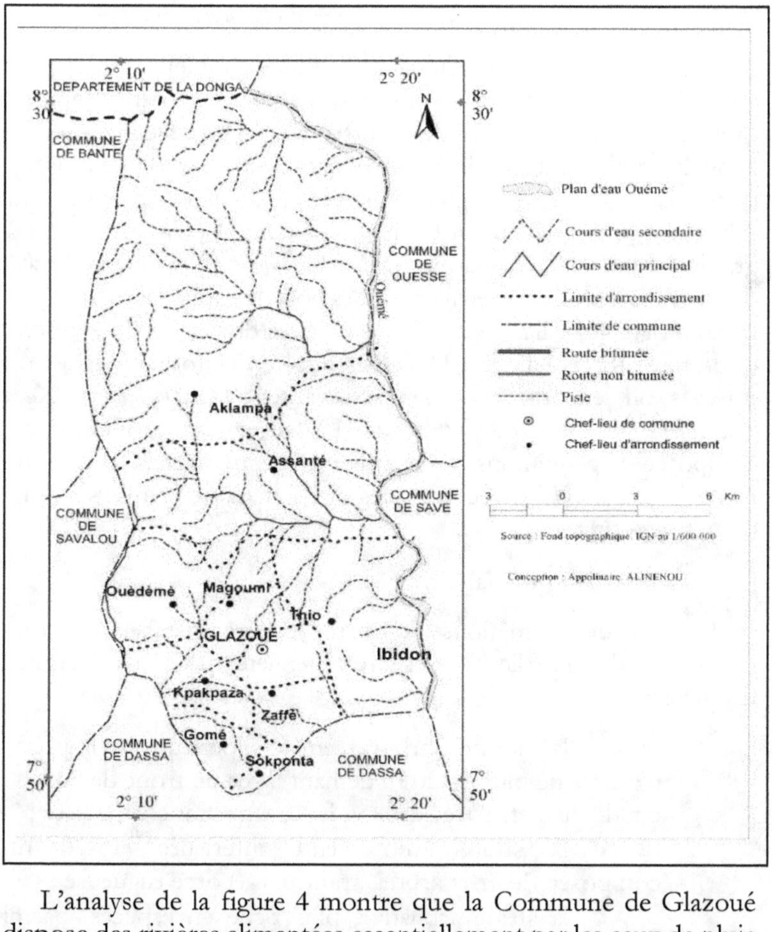

L'analyse de la figure 4 montre que la Commune de Glazoué dispose des rivières alimentées essentiellement par les eaux de pluie qui rendent impraticables les pistes de desserte rurale en saison pluvieuse et qui tarissent totalement en saison sèche. Les bas-fonds recueillent également de l'eau pendant la saison des pluies ; ce qui permet de cultiver, sur les sols hydromorphes, le riz de bas-fond et aux autres cultures maraîchères.

2.1.5. *Formation végétale en recul sous l'effet anthropique*

Cette partie présente les types de végétations rencontrés et la faune en voie de disparition dans la Commune de Glazoué.

2.1.5.1. *Types de végétations rencontrés dans la Commune de Glazoué*

La végétation naturelle initiale a presque complètement disparu sous l'effet de l'action anthropique (défrichements répétés, prélèvement abusif du bois de chauffe, feux de brousse incontrôlés, agriculture itinérante sur brûlis, production du charbon de bois,...). Ainsi, la végétation, originellement une savane arbustive voir arborée, a progressivement évolué pour faire place à une savane à graminées parsemée de baobab (*Adansonia digitata*) et de *néré (Parkia biglobosa*). On rencontre également des îlots de forêts sacrées un peu partout dans les villages, des forêts classées dont celle d'Aklampka et de rares forêts galeries. Dans ces différentes forêts fétiches ou classées, on rencontre les espèces suivantes : *Daniela oliverrii*, *Kaya senengalensis* et *Borassus aethiopium.* La végétation artificielle est composée de plantations d'anacardier (*Anacardium occidentalis*) et de teck (*Tectona grandis*), avec quelques pieds épars de palmiers à huile (*Elaeis guineesis*).

- Forêt galerie

Il s'agit des formations de forme linéaire installées le long des cours d'eau. Elle se présente généralement en quatre strates distinctes:

- la strate arborescente supérieure composée d'arbres de plus de 20 m de haut, avec un tronc de 50 à 80 cm de diamètre, très droit et lisse, sans branches basses ;
- la strate arborescente inférieure (15-20 m) composée de gros arbres ayant une écorce rugueuse ;
- la strate arbustive, plus riche en espèces, parmi lesquelles on retrouve des palmiers ;
- la strate herbacée développée surtout dans le lit majeur où s'accumulent des alluvions.

Ce sont des formations forestières présentes le long des cours d'eau comme l'Ouémé, de même que leurs affluents. La galerie forestière (photos 8), malgré l'importance du réseau hydrographique occupe une faible proportion spatiale. Les galeries forestières de la zone d'étude présentent l'aspect de forêts ombrophiles et sont constituées de plusieurs espèces végétales dont les plus caractéristiques sont : *Triplochiton scleroxylon, Diospyros mespiliformis, Ficus spp., Khaya senegalensis, Anogeissus leiocarpa, Cola cardifolia, Ceiba pentandra, Berlinia grandifolia, Vitex doniana et Elaeis guineensis.* Tout comme les îlots de formations denses, les galeries forestières subissent une dégradation par endroits suite aux activités humaines (Photo1).

Photo 1 : Vue partielle de la forêt galerie de Allowenoussa (Glazoué)

La photo 1 prise à Allowenoussa (Glazoué) montre la présence de l'eau qui maintient la couleur verdoyante de la végétation et permet d'avoir, durant toute l'année, une formation végétale luxuriante et sempervirente.

3. Résultats

Il est question dans cet article de quelques impacts environnementaux des systèmes culturaux, la corrélation entre la croissance rapide de la population et la dégradation de l'environnement.

3.1. *Impacts environnementaux des systèmes culturaux dans la Communes de Glazoué*

L'examen des impacts environnementaux des systèmes culturaux est subdivisé en deux parties à savoir la dynamique de l'occupation du sol et la disponibilité en terres agricoles dans la Commune de Glazoué.

3.1.1. Dynamique des éléments d'occupation du sol dans la Commune

La dynamique de l'occupation du sol est l'évolution dans le temps et dans l'espace des occupations du sol (N. E. Houngbo, 2008, p.326). L'occupation peut être régressive ou progressive.

Pour des raisons de non-disponibilité d'image fiable de 1979 à 1985, l'examen de la dynamique de l'occupation du sol dans la Commune de Glazoué est fait entre 1986, 2000 et 2016.

3.1.1.1. Etat d'occupation des sols en 1986, 2000 et 2016

En 1986, 2000 et 2016 le secteur d'étude a beaucoup évolué dans le temps et dans l'espace. Les figures 5, 6 et 7 montrent la carte d'occupation du sol de 1986, 2000 et 2016.

Figure 5 : Occupation du sol dans la Commune de Glazoué en 1986

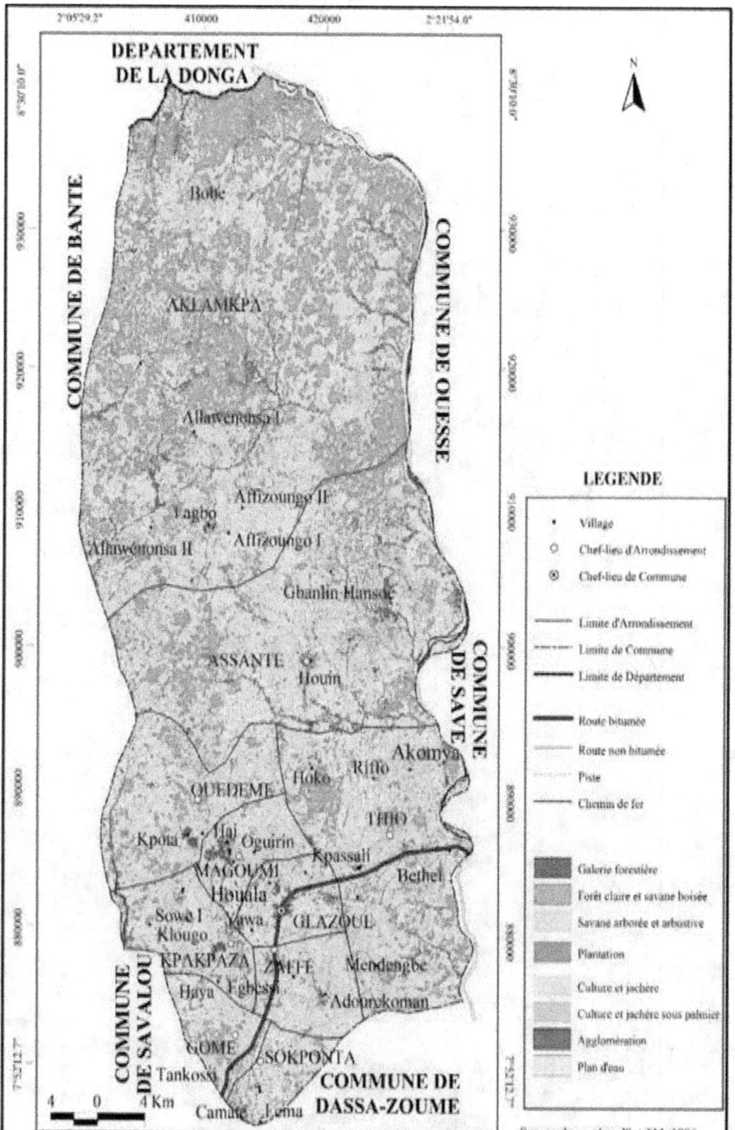

Figure 6 : Occupation du sol dans la Commune de Glazoué en 2000

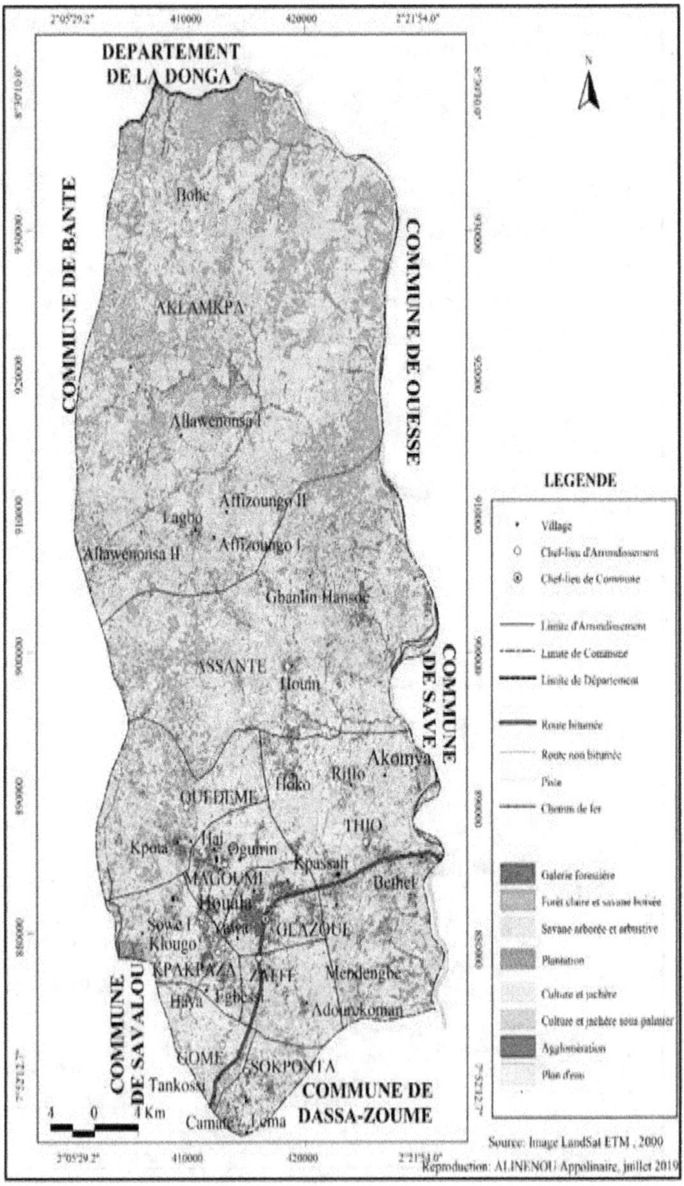

Figure 7 : Occupation du sol dans la Commune de Glazoué en 2016

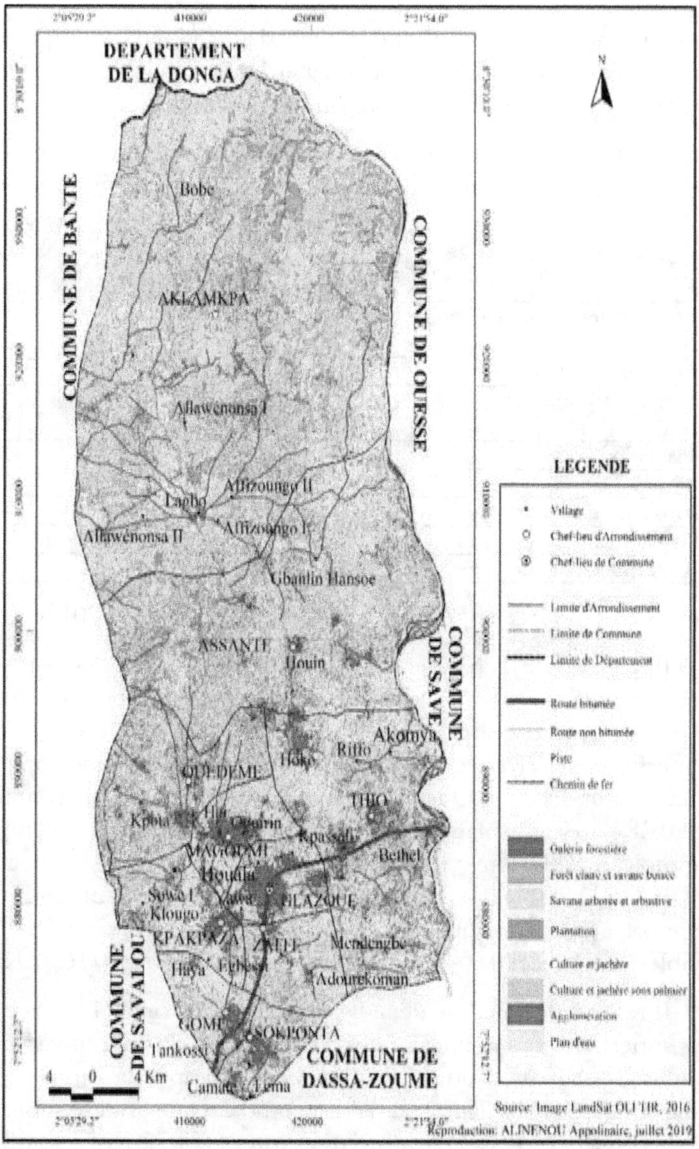

L'examen des figures montre au niveau de la figure 5, la Commune de Glazoué est occupée par les unités suivantes : des forêts claires et savanes boisées, des forêts galeries, des savanes arborées et arbustives, des plantations, des savanes à emprises agricoles, des mosaïques de cultures et des agglomérations, des formations marécageuses et des plans d'eau. Le tableau 1 présente des unités d'occupation du sol en 1986, leurs superficies respectives et leurs proportions dans la Commune de Glazoué.

Tableau 1 : Synthèse des unités d'occupation du sol en 1986 dans la Commune de Glazoué

Unités d'occupation du sol en 1986	Superficies en (Km²)	Pourcentage (%)
Forêt claire et savane boisée (FC)	403,92	23,08
Forêt galerie (FG)	73,12	4,18
Savane arborée et arbustive (SA)	821,34	46,93
Plantation (P)	39,45	2,25
Savane à emprise agricole (SE)	75,37	4,31
Mosaïque de cultures (MC)	320,38	18,31
Agglomération (A)	16,42	0,94
Total	1750	100

Source : Spot et résultats de calculs, Juillet 2019

Il ressort de l'analyse du tableau 1, les savanes arborées et arbustives (821,34 Km²), les forêts claires et savanes boisées (403,92 Km²) et les forêts galeries (73,12 Km²), occupent de grandes superficies de terres respectivement d'une proportion de 46,93 % ; 23,08 % et 4,18 %. Quant aux formations mosaïques de cultures (320,38 Km²), aux plantations (39,45 Km²) et aux savanes à emprise agricoles (75,37 Km²), elles occupent les proportions respectives 18,31 % ; 2,25 % et 4,31 % qui sont considérablement faibles par rapport aux formations forêts et savanes. La proportion la plus faible enregistrée (0,94 %) est celle des agglomérations (16,42 Km²).

Il ressort de l'analyse de la figure 6 que, quatorze (14) ans après les superficies des mêmes unités d'occupation du sol ont varié. Les unités d'occupation du sol ont évolué par rapport à l'année 1986. Ceci s'explique d'ailleurs, par la disparation d'une grande superficie des savanes arborées et arbustives et forêt (424,72 Km²) soit 24,27 % des changements des superficies occupées par les autres unités sur une durée de 14 ans. Le tableau 2 montre les unités d'occupation du sol en 2000, leurs superficies et leurs proportions.

Tableau 2 : Synthèse des unités d'occupation du sol en 2000 dans la Commune de Glazoué

Unités d'occupation du sol	Superficie en 2000 hectare (Km²)	Pourcentage (%)
Forêt claire et savane boisée	282,17	16,12
Forêt galerie	38,91	2,22
Savane arborée et arbustive	552,58	31,58
Plantation	72,65	4,15
Savane à emprise agricole	238,06	13,60
Mosaïque de cultures	515,36	29,45
Agglomération	50,28	2,87
Total	1750	100

Source : Image Landat ETM+ 2000 et résultats de calculs, Août 2019

Le tableau 2 montre qu'il y a une dégradation de la végétation naturelle (savane arborée et arbustive et Forêts) d'une superficie de 424,72 Km² et une augmentation importante des mosaïques de cultures, plantations, savanes à emprise agricoles (de 435,2 Km² en 1986 à 876,35 Km²) tout ceci, au profit des mosaïques de cultures et jachère sous palmier. Ceci indique également que les cultures sont désormais pratiquées en majorité sous les plantations. Les producteurs ont développé cette combinaison de culture et de plantation à cause de l'indisponibilité des terres agricoles qui d'ailleurs ont connu une forte baisse de leur fertilité. Il faut aussi noter la présence des formations marécageuses qui pourraient favoriser les cultures maraîchères dans le milieu.

L'analyse de la figure 7 montre que, seize (16) ans après les superficies des mêmes unités d'occupation du sol de 2000 ont encore varié. Les unités d'occupation du sol ont évolué par rapport à l'année 2000. Ceci s'explique d'ailleurs, par la disparation presque des végétations naturelles au profit des superficies occupées par les autres unités. Le tableau 3 montre les unités d'occupation du sol en 2016, leurs superficies et leurs proportions.

Tableau 3 : Synthèse des unités d'occupation du sol en 2016 dans la Commune de Glazoué

Unités d'occupation du sol	Superficie en 2016 hectare (Km²)	Pourcentage (%)
Forêt claire et savane boisée	63,64	3,64
Forêt galerie	30,69	1,75
Savane arborée et arbustive	401,32	22,93
Plantation	131,50	7,51
Savane à emprise agricole	302,23	17,27
Mosaïque de cultures	728,23	41,61
Agglomération	92,38	5,28
Total	1750	100

Source : Image Landat ETM+ 2016 et résultats de calculs

Le tableau 3 montre que, il y a une dégradation très importante de la végétation naturelle (savane arborée et arbustive et forêts), (de 873,66 Km² en 2000 à 495,65 Km² en 2016) tout ceci, au profit des mosaïques de cultures et jachère sous palmier (de 515,36 ha en 2000 à 728,23 Km² 2016) et des plantations (de 72,65 Km² en 2000 à 131,50 Km² en 2016). La plus dominante en 2016 est la palmeraie et de la plantation de l'anacarde. Ceci indique également que les cultures sont désormais pratiquées en majorité sous les palmiers et sous les anacardiers. Les producteurs ont développé cette combinaison de culture et de plantation à cause de l'indisponibilité des terres agricoles qui d'ailleurs ont connu une forte baisse de leur fertilité.

3.1.2. Synthèse de la dynamique des unités d'occupation du sol de 1986 à 2016

Cette partie fait la synthèse de la dynamique des formations végétales de 1986 à 2000 ; 2000 à 2016 et 1986 à 2016.

2.3.2.1. Synthèse de la dynamique des unités d'occupation du sol de 1986 à 2000

De 1986 à 2000, les formations végétales naturelles (les forêts claires et savanes boisées, les forêts galeries et les savanes arborées) ont connu d'évolution régressive. Les formations anthropiques (plantations, cultures et jachères et agglomérations) ont connu également une évolution progressive (Tableau 4).

Tableau 4 : Synthèse des unités d'occupation du sol entre 1986 et 2000 dans la Commune de Glazoué

Unités d'occupation du sol	Superficies en 1986 en (Km²)	Pourcentage (%)	Superficie en 2000 (Km²)	Pourcentage (%)	Evolution entre 1986 à 2000
Forêt claire et savane boisée	403,92	23,08	282,17	16,12	-121,75
Forêt galerie	73,12	4,18	38,91	2,22	-34,21
Savane arborée et arbustive	821,34	46,93	552,58	31,58	-268,76
Plantation	39,45	2,25	72,65	4,15	33,2
Savane à emprise agricole	75,37	4,31	238,06	13,6	162,69
Mosaïque de cultures	320,38	18,31	515,36	29,45	194,98
Agglomération	16,42	0,94	50,28	2,87	33,86
Total	1750	100	1750	100	-

Source : Image Landat ETM+ 1986 et 2000 et résultats de calculs

Le tableau 4 montre qu'entre 1986 et 2000, il y a une évolution régressive de la végétation naturelle (Forêt claire et savane boisée, forêt galerie et savane arborée et arbustive et forêts) soit respectivement -121,75 Km², -34,21 Km², -268,76 Km² tout ceci, au profit des plantations (33,2 Km²), savane à emprise agricole (162,69 Km²), mosaïques de cultures et jachère (194,98 Km²) et agglomération (33,86 Km²).

2.3.2.2. Synthèse de la dynamique des unités d'occupation du sol de 2000 à 2016

De 2000 à 2016, les formations végétales naturelles (les forêts claires et savanes boisées, les forêts galeries et les savanes arborées) ont connu d'évolution régressive. Les formations anthropiques (plantations, cultures et jachères et agglomérations) ont connu également une évolution progressive (Tableau 5).

Tableau 5 : Synthèse des unités d'occupation du sol entre 2000 à 2016 dans la Commune de Glazoué

Unités d'occupation du sol	Superficie en 2000 (Km²)	Pourcentage (%)	Superficie en 2016 hectare (Km²)	Pourcentage (%)	Evolution des unités d'occupation du sol
Forêt claire et savane boisée	282,17	16,12	63,64	3,64	-218,53
Forêt galerie	38,91	2,22	30,69	1,75	-8,22
Savane arborée et arbustive	552,58	31,58	401,32	22,93	-151,26
Plantation	72,65	4,15	131,5	7,51	58,85
Savane à emprise agricole	238,06	13,6	302,23	17,27	64,17
Mosaïque de cultures	515,36	29,45	728,23	41,61	212,87
Agglomération	50,28	2,87	92,38	5,28	42,1
Total	1750	100	1750	100	

Source : Image Landat ETM+ 2000 et 20016 et résultats de calculs

Le tableau 5 montre qu'entre 2000 et 20016, il y a une évolution régressive de la végétation naturelle (Forêt claire et savane boisée, forêt galerie et savane arborée et arbustive) soit respectivement -218,53 Km², -8,22 Km² et -151,26 Km² tout ceci, au profit des plantations (58,85 Km²), savane à emprise agricole (64,17 Km²), mosaïques de cultures et jachère (212,87 Km²) et agglomération (42,1 Km²).

Dans l'ensemble du secteur d'étude, les formations naturelles sont en régression en faveur des formations anthropiques (figure 8).

Figure 8 : Evolution des unités d'occupation du sol de 1986-2016

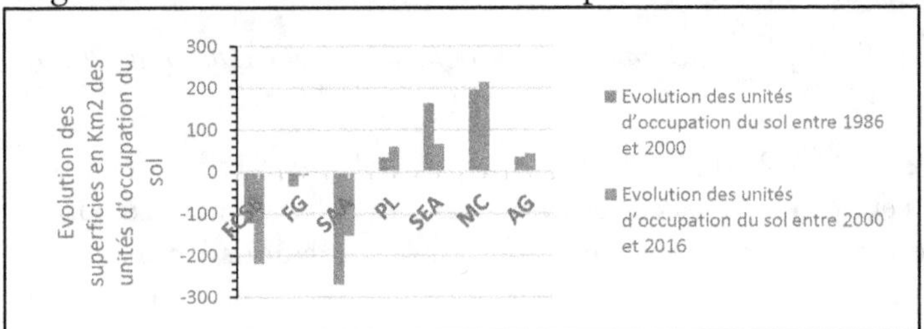

Source : Traitement des données des formations végétales de 1986 à 2016

Légende : Forêt claire et savane boisée (FCSB) ; Forêt galerie (FG) ; Savane arborée et arbustive (SAA) ; Plantation (PL) ; Savane à emprise agricole (SEA) ; Mosaïques de cultures (MC) et Agglomération (AG).

La conversion des formations végétales met en lumière l'emprise spatiale des activités de production agricole et concorde avec l'augmentation des besoins de facteurs de production supplémentaire (nouvelles terres agricoles) pour faire face à la croissance démographique galopante. Il s'ensuit d'importantes modifications dans la couverture végétale qui s'opèrent principalement au détriment des zones boisées. Ainsi, au cours de la période 1979 à 2016, les forêts galeries, les forêts claires et savanes boisées, et les savanes arborées et arbustives du secteur d'étude ont quasi perdu leurs superficies.

3.2. Lien entre l'évolution des unités d'occupation du sol et la progression de l'effectif de la population

Le tableau VI présente les résultats obtenus pour l'analyse de lien entre l'évolution des unités d'occupation du sol et la progression de l'effectif de la population entre 1986 à 2016.

Tableau 6 : Calcul des résultats pour analyse de lien entre l'évolution des unités d'occupation du sol et la Progression de l'effectif de la population entre 1986 à 2016

Années	Effectifs populations (X)	Evolution des superficies en Km² (Y)	Coefficient de corrélation (R)	Covariance de X et Y
1986	47598	1298,38	-0,98	-11698371,9
2000	83795	873,66		
2016	135335	495,65		
Total	266728	2667,69	-	-

Source : Enquête de terrain, Août 2019

Le tableau 6 montre les différents types de calculs effectués pour analyser le lien entre l'évolution de la population et l'évolution de la superficie de la formation végétale naturelle.

La figure 9 présente l'évolution de la population et de la formation naturelle (Forêt claire et savane boisée, forêt galerie et savane arborée).

Figure 9 : Evolution des formations végétales naturelle en fonction de l'effectif de la population entre 1986 à 2016

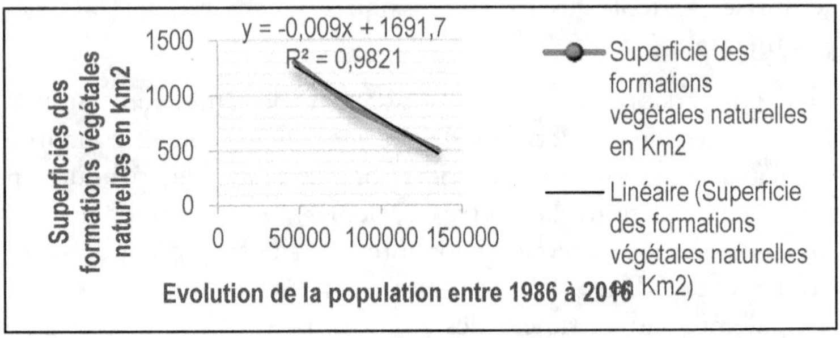

Source : Résultats de l'enquête de terrain, Août 2019

L'analyse de la figure 9 fait ressortir que le coefficient de corrélation est de - 0,98 pour les formations végétales naturelles. Pour les formations végétales naturelles, le coefficient de corrélation est inférieur à 0. Ainsi, la conclusion qui s'en suit est que les deux caractères évoluent en sens inverse. Dans ces conditions plus l'effectif de la population croît, plus les formations végétales naturelles perdent en superficie. On peut donc conclure que les superficies de la formation végétale naturelle et l'effectif de la population sont très corrélées. Il est donc nécessaire de calculer le taux de régression annuel et faire des projections sur 2050 quand la population de la Commune atteindra 577360 habitants.

Cette projection a été faite en se référant à la formule de Bernier 1992 présentée dans la méthodologie. Le tableau 7 présente les formations avec leur taux de régression annuel.

Tableau 7 : Taux annuel de régression et projection sur 2050

Formations naturelles	Superficie en 1986 (Km²)	Superficie en 2016 (Km²)	Taux annuel de régression	Superficie en 2050 (Km²)
Formation végétales naturelles	1298,38	495,65	-1,5 %	- 89,785

Source : Image Landsat TM 1986, 2016 et résultats de calculs

L'analyse du tableau 7 montre que si la pression exercée sur les formations naturelles est maintenue d'ici l'an 2050, les formations naturelles seront réduites dans la Commune. Ainsi, les forêts galeries, les forêts claires et savanes boisées et les savanes arborées et arbustives seront déficitaires de 89,78 Km². Pour mieux apprécier la durabilité ou non des pratiques culturales, le coefficient d'Allan a été calculé à travers le sous-titre suivant.

2.4.1. Analyse de la fertilité des terres agricoles

L'analyse de la fertilité des terres agricoles est faite dans les Arrondissements de la Commune de Glazoué grâce au calcul du coefficient d'Allan (L) (1995). Ce coefficient L permet de caractériser le niveau de perturbation (dégradation ou non) du sol. Dans le cadre de cette recherche, il a aidé à apprécier le niveau de fertilité des terres agricoles dans la Commune de Glazoué. Le tableau 8 présente le calcul du coefficient d'Allan (L) (1995).

Tableau 8 : Calcul du coefficient d'Allan (L) (1995) des Arrondissements de la Commune de Glazoué

Arrondissement de la Commune de Glazoué	Durée moyenne d'exploitation (C en année)	Durée moyenne de jachère (J en année)	/C+J	Coefficent (L)
Aklankpa	6	4	10	1,66
Assante	6	4	10	1,66
Gome	15	2	17	1,13
Kpakpaza	8	2	10	1,25
Magoumi	8	0	8	1
Ouèdèmè	7	4	11	1,57
Sokponta	10	3	13	1,3
Thio	11	3	14	1,27
Zaffe	15	2	17	1,13
Glazoue	15	0	15	1
Moyenne Commune				1,29

Source : Allan (1995, p.30) et enquête de terrain, Août 2019

L'examen des données du tableau 8, indique que les terres cultivables dans la Commune de Glazoué sont très exploitées car, toutes les valeurs des coefficients d'Allan L obtenues sont toutes inférieures à 5, indiquant une surexploitation des espaces agricoles, ce qui se traduit par leur rapide épuisement. Toutefois, les Arrondissements de Aklamkpa, de Assanté, et de Ouèdèmè, sont moins vulnérables que les autres Arrondissements restants dans la Commune de Glazoué. En effet, leur coefficient L est respectivement évalué à 1,66 ; 1,66 et 1,57. La figure 10 montre l'évolution de la surexploitation des terres agricoles dans la Commune de Glazoué.

Figure 10 : Analyse de la fertilité des sols dans la Commune de Glazoué

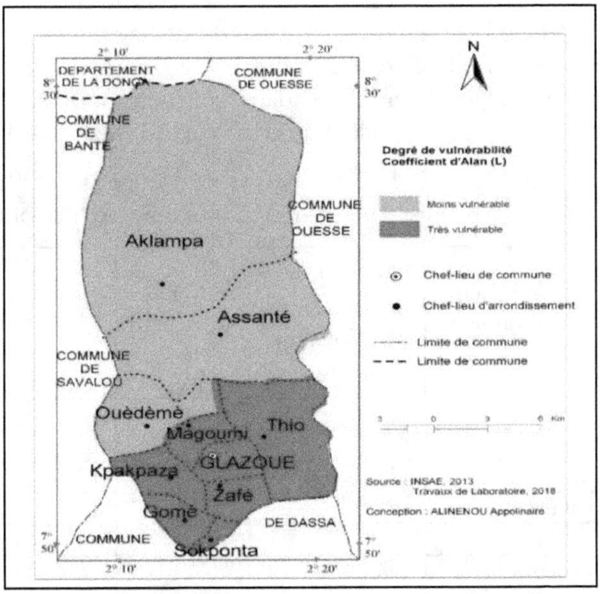

Source : Enquête de terrain, Août 2109

L'analyse de la figure 10 montre que dans la Commune de Glazoué on assiste à une surexploitation de la terre dans toute la Commune de Glazoué. Mieux, la culture sur brûlis est très fréquente, bien que dévastatrice. Souvent les paysans détruisent de grands arbres par les feux, afin de fertiliser le sol par la cendre des divers ligneux.

Figure n°11 : Cadre conceptuel du modèle PEIR appliqué à l'analyse des résultats

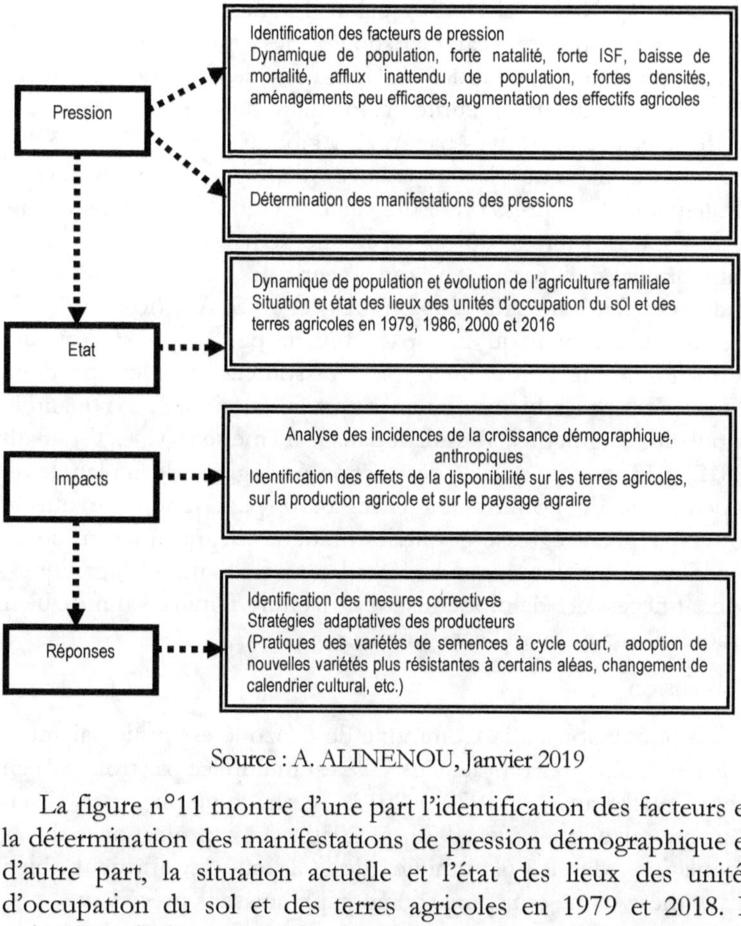

Source : A. ALINENOU, Janvier 2019

La figure n°11 montre d'une part l'identification des facteurs et la détermination des manifestations de pression démographique et d'autre part, la situation actuelle et l'état des lieux des unités d'occupation du sol et des terres agricoles en 1979 et 2018. Il présente également, les incidences de cette croissance démographique sur les terres agricoles, sur la production agricole et sur le paysage agraire. Face aux incidences que montre le schéma, les producteurs ont utilisé des stratégies adaptatives (pratiques de variétés de semences à cycle court, adoption de nouvelles variétés plus résistantes à certains aléas, changement du calendrier cultural etc.).

4. Discussion

Les résultats trouvés dans le secteur d'étude sont donc conformes à ceux trouvés par G. Wokou, E. Ogouwalé, I. Yabi et M. Boko (2010a, p.121-130) selon lesquels l'évolution de la production vivrière caractéristique des pratiques agricoles traditionnelles en vigueur dans la Commune de Glazoué n'est guère rassurante pour la sécurité alimentaire. Ils sont également conformes à ceux trouvés par A. K. Akibodé et *al.* (1992, p.23-43) qui montrent que la croissance démographique influence localement les pressions de déforestation et globalement l'utilisation des terres, qui va créer une demande plus forte pour transformer des forêts en zones agricoles. Ce constat a été également fait par FAO (2002, p.214) et B. S. Adjahossou (2005, p.232) qui estiment qu'un espace fini ne peut supporter qu'une population finie : les biens, les ressources ou les produits alimentaires par habitant diminuent jusqu'à atteindre zéro quand la population augmente. Abondant dans le même sens, C. C. Gnimadi (2012, p.13) stipule que «la destruction écologique de la planète ne dépend que du nombre (K. Lare, 2010, p.222-230). Vu que le couvert végétal régresse et que les pratiques dégradantes en cours contribuent certainement à la dégradation des matières organiques, il serait nécessaire de moderniser l'agriculture familiale afin de bien produire sans détruire l'écosystème.

Conclusion

La population de la Commune de Glazoué est principalement jeune et évolue très rapidement. Elle est multipliée par trois (03) en trente-quatre ans (de 1979 à 2013) et sera multipliée par 15 en soixante-onze ans (de 1979 à 2050). Les projections de la population de la Commune de Glazoué confirment bien l'hypothèse d'une croissance démographique sans précédent.

La cartographie de la dynamique des formations végétales et des autres unités d'occupation du sol a permis d'analyser les états du couvert végétal en 1986, en 2002 et en 2016 et d'en dégager les tendances évolutives. Au total, les formations végétales naturelles des Arrondissements de la Commune de Glazoué connaissent une évolution régressive.

Référence bibliographie

ADJAHOSSOU Sèdami Blaise 2005, *Biodiversité végétale facteur de productivité et de durabilité de l'agriculture : Cas du département de l'Atlantique.* Thèse de Doctorat unique de Géographie et Gestion de l'environnement, Abomey- Calavi ; EDP/ FLASH / UAC, 232 p.

AKIBODE Ayéchoro Koffi 1992, « Croissance démographique et échec d'intensification agricole en pays Kusasi (Nord-Ghana) ». In : revue de l'Université de Moncton N.B. Canada, Volume 25, n°s 1-2, Moncton, pp. 23-43.

ALINENOU Appolinaire, HOSSOU CODJO Thierry et OGOUWALE Euloge, 2019, Croissance démographique et évolution de l'agriculture familiale dans la commune de Glazoué au Bénin en Afrique de l'Ouest, Baluki, 2019 (3ème année), n°5, Tome I, Vol. III, pp. 324-346.

ALLAN J. David, 1995, Stream Ecology: structure and Function of Running waters Kluwer Academic Publishers, Dodrecht, pp. 30-388.

Dossoumou Jean 2010, *Implications environnementales de la pression humaine sur les terroirs villageois des communes de Glazoué et Dassa-Zoumè.* Mémoire de DEA de Géographie et Gestion de l'environnement, Abomey- Calavi ; EDP/ FLASH / UAC, 92 p.

ESSOUMAN Henry, 1992, Etude socio-économique de quelques facteurs de dégradation des ressources naturelles : Cas de la sous-préfecture de Ouèssè (Département du Zou) UNB/FSA Abomey-Calavi Bénin. 135 p.

FAO, 1997, *Rapport sur l'alimentation mondiale.* Rapport sur la situation alimentaire en République du Bénin. Cotonou, 17 p.

FAO, 2000, Global Forest Resources Assessment 2000, Main Report. *FAO Forestery paper*, (140): pp.115-120.

FAO, 2002, *Food insecurity: When people must live with hunger and fear starvation. The state of food insecurity in the world 2002.* FAO. Rome, Italy, 214p.

GIBIGAYE Moussa, 2013, « Politique de mécanisation et production agricole dans la Commune de Glazoué ». In : revue de géographie tropicale et d'environnement, n°2, EDUCI, 2013, 57-58p.

GNIMADI Clément Codjo, 2012, *Croissance démographique et mutations socio-spatiales sur le Plateau d'Allada (Département de l'Atlantique) Au Bénin.* Thèse de doctorat unique de Géographie Humaine, Université de Lomé ; FD/FSHS/UL, 212p.

GRIFFON Michel et MARTY Isabelle, 1993, Prospectives des déséquilibres environnementaux liés à l'agriculture dans les pays tropicaux. CIRAD-URPA, Paris : 283p.

HOUNGBO Nounagnon Emile, 2008, Dynamique de pauvreté et pratiques agricoles de conservation de l'environnement en milieu rural africain : Le cas du plateau Adja au Sud-Bénin. Sciences de l'environnement, Université de Abomey-Calavi, pp. 2012-326.

INSAE (2013) : *Cahier des villages et quartiers de ville des collines*. INSAE, Cotonou, 28 p.

KADJEGBIN Toundé Roméo Gislain, 2018, Influences des modes d'accès à la terre sur la production agricole dans les Communes de Dassa-zoumé et de Glazoué au centre du Bénin. European Scientifique Journal February, 2018 éditions vol. 14, n°6 ISSN, pp. 412-431.

LARE Konnegbéne, 2010, Croissance démographique, évolution des systèmes agraire et pauvreté en milieu rural dans la région des savanes au Nord –Togo. Thèse de doctorat unique de Géographie Humaine, Universté de Lomé ; FD/FSHS/UL, 222-230p.

PADONOU Habib Médenoukoun, 2011, Analyse socio-économies des systèmes de production agricole à base d'igname dans la Commune de Glazoué au Bénin le cas du village Magoumi : FSA/UAC, Ingénieur Agroéconomiste pp.55-58.

SCHWARTZ Diamond, 1995, *Méthodes statistiques à l'usage des médecins et des biologistes.* 4è édition. Editions médicales Flammarion, Paris, 314 p.

WOKOU Guy, 2014, Croissance démographique, évolution climatique et mutations agricoles et environnementales dans le bassin versant du Zou au Bénin. Thèse de doctorat unique de Géographie et Gestion de l'Environnement, Université d'Abomey-Calavi; N°180-14/EDP/FLASH/UAC, 13p.

WOKOU Guy, OGOUWALE Euloge, YABI Ibouraïma et BOKO Michel, 2010a, Contribution cartographique à l'analyse de la disponibilité de terres agricoles dans les communes de Dassa-Zoumè et Glazoué (département des Collines au Bénin). *In Revue Climat et Développement* de l'Université d'Abomey-Calavi, pp 121-130.

CHAPITRE 6

La fonction novatrice de l'économie informelle dans l'économie de la Communauté urbaine de Zinder.

Issoufou OUMAROU
Université de Zinder

Résumé : Dans les années 90, après la chute du « boom » de l'uranium, les difficultés financières de l'Etat nigérien et le faible pouvoir d'achat de sa population ont attiré l'attention sur d'autres formes de flexibilité dans la production de biens et de services. D'où l'économie informelle non seulement comme mécanisme d'adaptation à la nouvelle situation, mais aussi comme tendance diffuse dans les régions économiquement plus faibles. Cependant, le développement du chômage urbain dans la commune de Zinder, conséquence logique de la crise économique, s'est accompagné de l'émergence et de l'essor du secteur informel. D'où l'étude de cas sur l'économie informelle dans la ville de Zinder. Cette étude présente les enjeux propres au secteur informel, souligne sa place dans le développement local et envisage l'informel entre les politiques économiques et les pratiques sociales. Pour bien mener à bien notre étude, nous utilisons l'observation participante, la technique d'enquête par entretien et la documentation. Dans cette optique de création des utilités et des richesses, notre intérêt porte particulièrement aux vendeurs à la sauvette, les vendeurs d'essence, et les conducteurs de mototaxis. A travers cette étude, les résultats nous montrent la particularité de cette économie informelle, elle innove et s'adapte aux réalités socio culturelles des acteurs. Elle crée des emplois et permet à une franche de la population démunie d'acquérir des biens sur le marché.

Enfin, bien qu'en dehors de toute régulation étatique, le secteur informel repose souvent sur de véritables circuits très structurés, avec leurs propres règles de fonctionnement et sources de financement.

Mots-clés : Commerce, Economie, Fiscalité- Informel, Innovation, Taxe.

Abstract:_In the nineties, after the decline of uranium boom, Niger financial difficulties and the population poor purchasing power gave way to other forms of flexibility in producing goods and services. Thus, researchers get more and more interested in informal economy not only as a mechanism of resilience to the new situation but also as a diffuse tendency in the poorest economic region. However, the urban unemployment increase in the district of Zinder, as a logical consequence of the economic crisis, is coupled with the emergency and expansion of informal sector._This study presents specific challenges to the informal sector, emphasizes the place of the informal economy in local development and considers the informal between economic policies and social practices. To carry out our study, we use participant observation, interview technique and documentation. The hastily sellers, the itinerant barber, the domestic who cooks, the petrol seller, the shoeshine boy, what they have in common is basic. Through this case study, the results show us the particularity of this informal economy; it innovates and adapts to the socio-cultural realities of the actors. It creates jobs and allows a frank part of the poor population to acquire goods on the market. Finally, although outside of any state regulation, the informal sector often relies on real highly structured circuits, with their own operating rules and sources of funding.

Keywords: Economy- Informal- Innovation- Tax system- Trade.

Introduction

Les années 90 marquent le début de la crise économique au Niger, la chute du « boom » de l'uranium a engendré d'énormes difficultés financières. En effet, des stratégies de survie ont été mises en place par la population pour pallier au manque des dividendes de l'uranium seule ressource importante du pays. Cependant, la stratégie la plus connue et la plus appliquée est l'économie informelle. Il faut noter qu'il existe plusieurs définitions du concept économie informelle ou secteur informel. Mais une seule nous parait pertinente. L'économie informelle est l'ensemble des activités économiques qui se réalisent en marge de législation pénale, sociale et fiscale ou qui échappent à la Comptabilité Nationale, (BAKO, 2006). En général, la notion d'informel se fonde sur une compréhension quantitative. L'informel est associé à une taille réduite : peu de ressources humaines, faible surface financière, production peu élevée, faibles volumes ou faibles valeurs échangées (HART, 2005). Le secteur informel opère à petite échelle et de manière spécifique.

Il faut noter aussi qu'au cours des années 80, le Niger s'est distingué par un boom démographique inversement proportionnel à la croissance économique. Avec un revenu mensuel de 300 francs CFA par habitant, le pays se trouve dans une situation de conjoncture économique. Au cours de la même période, on observe un accroissement de la population urbaine de 6 % par an (INS, 2018). Et, très vite, selon le Ministère du Travail et de l'Emploi, la demande d'emplois est apparue supérieure à l'offre. Ce qui a entrainé une marginalité d'une majorité de population refusée par le secteur formel. Et, la baisse croissante du pouvoir des salariés exerçant dans le secteur moderne incite les ménages à rechercher des revenus complémentaires dans le secteur informel pour joindre les deux bouts du mois. « En définitive, c'est l'incapacité de l'Etat de répondre aux besoins fondamentaux de la population dans les domaines de l'emploi, de la santé, du logement et de l'éducation qui est à l'origine du foisonnement du secteur informel » (BAKO, 2006). En effet, face à la désertion des pouvoirs publics, le secteur informel est venu en quelque sorte à la rescousse du modèle légal (HART, 2005).

La population de Zinder doit vivre : d'où la floraison et l'ampleur des activités du secteur informel. Il faut noter que l'informel joue un rôle d'accueil d'une population exclue du secteur officiel, c'est une zone tampon entre le secteur traditionnel rural et le secteur moderne. Et, les relations de travail sont surtout fondées sur l'emploi occasionnel, les relations de parenté ou les relations personnelles et sociales.

De ce fait, nous posons les questions suivantes :

Question centrale : quelles sont les différentes composantes de l'économie informelle ?

Questions subséquentes :

- Quels sont les différents acteurs de cette économie ?
- Et, pour quelles raisons participent-ils ?

Et, notre objectif global, c'est d'apporter les éléments de réponse aux nombreuses interrogations que suscite cette face cachée de l'économie informelle.

Les objectifs spécifiques :

- Evaluer l'importance de l'économie informelle dans le quotidien de la population ;
- Et, de montrer la place qu'occupe cette économie.

Notre travail comporte trois chapitres : le premier parle des généralités sur l'informel, le deuxième présente la place de l'économie informelle dans le développement local et le troisième analyse les résultats de l'enquête.

2. Cadre théorique et méthodologique

2.1. Cadre théorique

Comme toutes les villes du Niger, la ville de Zinder a connu une croissance démographique importante. Entre 1978 et 2018, la population a été multipliée par 7 (sept). Ainsi, de 58 428 habitants en 1978 ? elle est passée à 409 352 habitants en 2018 (INS, 2018). On estime que la surface de la ville est passée de 1397,87 hectares en 1978 à 2639,47 hectares en 2018 (Direction régionale de l'urbanisme Zinder). Cependant, l'accroissement démographique rapide de la population constitue un facteur de l'étalement urbain dans cette ville.

Cependant, dans le cadre de ce travail, nous nous sommes intéressés principalement au secteur informel de la ville de Zinder. Il faut toutefois souligner l'absence d'usine ou d'industrie de fabrication, ni de transformation d'objets ou d'articles.

Pour pallier cette absence d'industries, nous retrouvons une diversité de petites et moyennes entreprises faisant partie du secteur informel. La crise économique qui secoue le Niger en général et la région de Zinder en particulier a permis un accroissement intense des activités informelles constituant ainsi, la condition indispensable de la survie d'une grande portion de la population. La persistance de la crise dans cette période actuelle engendre la multiplication des comportements de débrouillardise chez la population de Zinder. Cette débrouillardise se traduit par la prolifération des activités à l'économie informelle. Cette dernière, comprend l'ensemble des activités économiques qui échappent au contrôle de l'Etat. Certaines de ces activités illicites (vente des hydrocarbures) et d'autres sont des activités normales (conduite de mototaxi, vente à la sauvette) mais qui se sont soustraites au contrôle des services des impôts. Il est difficile de dresser une liste exhaustive des activités qui sont dans l'informel. C'est un secteur très diversifié et transversal, composé d'activités hétérogènes.

Ainsi, notre intérêt porte particulièrement sur les vendeurs des hydrocarbures, aux marchands ambulants et aux conducteurs de mototaxis. Ce choix s'est porté sur les trois principales activités les plus rentables du secteur informel de la ville de Zinder.

2.2. Cadre méthodologique

Vu l'immensité du sujet à traiter, il importe de le délimiter dans la composition des activités informelles et le choix des acteurs qui les animent. Ainsi, l'étude porte sur l'économie informelle dans la ville de Zinder, précisément les revendeurs des hydrocarbures, les marchands ambulants et les conducteurs des mototaxis.

Pour mener à bien notre étude, nous avons utilisé des méthodes et des techniques dans la collecte, la présentation, l'analyse des données et l'interprétation des résultats.

En premier lieu, nous avons utilisé la méthode qualitative. Elle donne un aperçu du comportement et des perceptions des gens et permet d'étudier leurs opinions sur un sujet particulier, de façon plus approfondie que dans un sondage. Et enfin, dans cette étude, notre motivation est de cerner la contribution financière des acteurs de l'informel dans l'économie familiale et non de calculer leur revenu ou de comptabiliser le nombre de personnes investies dans le secteur informel. De ce fait, des observations, des discussions en groupes et des entrevues individuelles en profondeur représentent les techniques qualitatives utilisées. Ensuite, la technique d'enquête par questionnaire et par interview de différents acteurs ciblés. Et enfin, la documentation pour argumenter et comparer les données recueillies sur le terrain.

L'étude s'est déroulée dans la commune urbaine de Zinder. Cinq (5) sites : (les gares routières ; les marchés ; les carrefours des grandes artères ; les places publiques et les péages des sorties et entrées de la ville) ont été intéressés par cette étude, compte tenu de la forte concentration de la population et surtout représentent des zones d'activités commerciales.

L'activité étant informelle, il n'existe pas des statistiques officielles qui dénombrent leur chiffre, mais la méthode d'observation permet de faire une estimation de leur nombre à des milliers en tenant compte de l'espace géographique de la ville de Zinder. De façon apparente, ceux qui exercent l'activité sont en majorité des jeunes, on y rencontre aussi les gens de toutes les tranches d'âge qui y sont impliqués dans l'exercice de la fraude.

Pour cette étude, la collecte de données et information s'est faite à partir des entretiens de groupe et des entretiens individuels. Pour les entretiens individuels, on a constitué un échantillon aléatoire de 100 personnes, dont 40 revendeurs des hydrocarbures fraudés, 30 marchands ambulants et 30 conducteurs de mototaxis. En effet, les entretiens menés sur nos sites sont de nature qualitative et souvent informelle. Ils permettent surtout de dégager une tendance qui est difficilement quantifiable.

3. Résultats

3.1 Les activités informelles au cœur de la ville de Zinder

Dans cette première partie des résultats, nous abordons des généralités sur les activités informelles les plus rentables dans la ville de Zinder.

Le vendeur à la sauvette, le conducteur de mototaxi, le distributeur de l'essence de contrebande, voilà autant d'acteurs qui contribuent à la croissance économique de la ville de Zinder, mais qui restent pour beaucoup en marge de toute législation. A travers nos investigations nous avons remarqué qu'ils sont tous des spécialistes qui ne déclarent pas leur revenu aux impôts. Tous, à leur manière, se soustraient au contrôle de l'Etat, incarné par la loi, les règlements, le fisc ou les statistiques officielles. En ce sens, ils appartiennent tous à ce que nous appelons l'économie informelle.

Mais, ce qu'il faut noter de la particularité de cette économie informelle, sur le terrain d'enquête, elle innove et s'adapte aux réalités socio culturelles des acteurs. Elle crée des emplois et permet à une franche de la population démunie d'acquérir sur le marché différents biens.

Quels sont les acteurs de l'économie informelle de la ville de Zinder ? Il y a d'abord les personnes à faible qualification, contraintes d'accepter des emplois occultes à défaut d'en obtenir sur le marché officiel. Il s'agit de jeunes, de sans-emploi, de groupes à bas revenus et à faible niveau d'instruction. En général, les emplois sont surement temporaires.

Il y a tout un réseau de travail au noir organisé, à domicile ou dans des petits ateliers discrètement localisés. Cela permet notamment à certaines grandes entreprises et personnes d'obtenir des biens ou des services à faible coût et de s'adapter avec souplesse aux brusques variations de la demande.

Egalement qualifiée d'économie populaire, l'économie informelle constitue un mode de vie, voire de survie, de la population urbaine, pour laquelle elle permet la satisfaction de besoins fondamentaux : se nourrir, se loger, se vêtir, se former, se soigner et se déplacer. Elle concerne différentes activités alimentaires (distribution, préparation, restauration), des services personnels, de réparation, récupération et récyclage.

L'économie de la ville de Zinder est beaucoup plus dynamisée aujourd'hui par le secteur informel. Près de 70% de la population active s'y retrouve et sa part de contribution au PIB varie de 20 à 30%. (BAKO, 2006). Cependant, c'est le secteur qui échappe à toute législation.

La vente à la sauvette et les mototaxis, ces activités ne sont pas à confondre avec les activités interdites par la loi (vente des hydrocarbures fraudées), à l'économie souterraine dont la caractéristique principale est de se dissimuler pour échapper à la réglementation étatique.

Sous l'appellation largement répandue de travail au noir, il existe tout une variété de situations qui ont en commun d'être des formes irrégulières d'activités. Doublement irrégulières en ce qu'elles ne sont pas reprises dans la comptabilité nationale. C'est le cas de la vente des hydrocarbures dans notre zone d'étude.

Il y a dix ans encore, la vente des hydrocarbures dans la ville de Zinder n'est pas organisée et structurée. Mais, aujourd'hui nous avons remarqué que les stratégies et le système de production de la fraude sont intimement liés. Ils sont situés principalement au niveau du mécanisme du transport, de la corruption et de la vente des produits fraudés. Le système de production de la fraude des hydrocarbures intègre des acteurs hétérogènes, du transport des hydrocarbures jusqu'à la vente aux petits commerçants détaillants dans la ville de Zinder.

Les résultats montrent que cette activité se déroule dans des réseaux variés et multiformes animés par plusieurs acteurs. Dont, les principaux acteurs sont les transporteurs, les vendeurs grossistes et les vendeurs détaillants. Il faut noter que la région de Zinder fait frontière avec le Nigéria premier pays producteur de pétrole en Afrique, d'où viennent les hydrocarbures.

En effet, le rôle des transporteurs dans le circuit est le ravitaillement de la ville de Zinder en hydrocarbures. Parmi ces transporteurs, certains sont les propriétaires des véhicules et travaillent à leur propre compte tandis que d'autres travaillent sous contrat. Ensuite, les grossistes ont des vendeurs dans la ville de Zinder qui disposent des magasins de stockage. Ces derniers sont des fournisseurs en hydrocarbures et détiennent à la fois de nombreux véhicules de transports. Enfin, les détaillants sont la dernière échelle de vente des hydrocarbures dans la ville de Zinder. La vente se fait par litre dans les différents stands ou étalages. Ils représentent en quelque sorte la main d'œuvre des grossistes et des transporteurs.

La consommation à la pompe depuis le premier janvier 2013 est de 540 franc CFA. Il faut noter qu'à la pompe (station-service), le prix du litre d'essence est plus élevé que celui appliqué par les vendeurs à la sauvette dont l'essence vient par fraude du Nigéria voisin (300 francs le litre de l'essence fraudé et 540 francs le litre à la pompe). La population de Zinder fait la différence de prix au

Niger et au Nigéria. Cette comparaison de prix à la pompe, 540 francs CFA contre 110 nairas (225 francs CFA) est une réalité qui motive les protestations et les frustrations de la population dont la majorité ne comprend pas la décision de l'Etat Nigérien. Il faut noter que les prix des hydrocarbures varient en fonction de la stabilité sécuritaire au niveau de la frontière entre le Niger et le Nigeria.

Cette méthode de vente est considérée comme un réseau visible dans la mesure où la transaction des hydrocarbures se passe sous les yeux de tous les acteurs censés appliquer la loi. L'organisation dans sa forme semble être bien structurée même si celle-ci s'est formée de façon tout à fait informelle et spontanée. Il faut aussi noter quelque innovation dans l'importation des hydrocarbures à Zinder : un opérateur travaillant dans le secteur formel utilise ses moyens logistiques et s'associe à des opérateurs informels ou travaille en son nom pour diversifier son activité et réaliser des marges bénéficiaires plus importantes via la contrebande ou l'importation sans déclaration. En définitive, cette activité occupe une main d'œuvre importante et génère parfois des ressources considérables que se partagent, employés, transporteurs et intermédiaires.

Enfin, l'analyse de la vente des hydrocarbures dans la ville de Zinder, a permis de se faire une vision globale de la vente frauduleuse et à connaître les réseaux, les stratégies, les acteurs et les facteurs qui concurrent à la variation des prix selon les circonstances.

Dans cette économie informelle, il faut noter la présence des mototaxis qui constituent la deuxième activité la plus prisée des jeunes. En effet, les mototaxis constituent le principal moyen de déplacement des habitants de la ville de Zinder. En effet, en lieu et place des taxis, utilisés dans les villes comme Niamey, ce sont les motos qui facilitent les transactions journalières de la population. L'usage des motos comme moyen de transport est en passe de devenir la principale activité génératrice de revenus à Zinder. Ce marché est notamment investi par les jeunes gens de dix-huit à vingt-cinq ans qui s'adonnent soit à temps plein soit en partie. L'un dans l'autre, on ne peut nier cette activité soit un pan important de l'économie de la ville du moins qu'elle constitue l'épine dorsale de cette économie.

Certes, le phénomène s'est aujourd'hui intensifié, et ces engins sont utilisés même pour les déplacements de proximité. Les femmes, par exemple, en font usage même pour des distances plus ou moins insignifiantes dans le centre de la ville. Le prix d'une course se négocie en fonction de la distance à parcourir. Les prix sont abordables à cause de l'essence achetée sur le marché noir (200 à 300 francs CFA). Mais, il serait tout de même important de rappeler qu'au tout début ces mots-taxis étaient essentiellement utilisés par les gens de la périphérie dans le cadre de l'acheminement de leurs bagages. Les habitants des quartiers dits périphériques, faut-il le rappeler, viennent vers le centre afin d'assurer leur approvisionnement en vivre ou et produits de tous genres. C'est sans doute en ce sens que ces motos-taxis s'imposent comme moyens indispensables dans l'acheminement des bagages et des personnes. Cela serait lié au développement exponentiel de la population.

Pendant les rentrées scolaires et académiques la donne change, pour la circulation des écoliers, élèves et étudiants, en majorité, ce sont les mototaxis qui s'en chargent. Certains parents prennent pour leurs enfants des abonnements mensuels auprès des conducteurs de mototaxis. Et, aussi au cours des évènements ou des manifestations politiques et religieuses, les mototaxis sont sollicitées pour la circulation dans la ville.

L'activité se formalise progressivement notamment avec une certaine restructure qui s'instaure de plus en plus. En effet, les conducteurs de mototaxis sont dorénavant organisés en groupes pour desservir les quartiers. C'est ainsi que chaque conducteur est identifié à travers son quartier de résidence.

Enfin, dans les différentes activités de l'économie informelle, il faut inscrire en troisième lieu les marchands ambulants.

Cependant, le petit commerce est aussi en grande partie informel, surtout parmi les marchands ambulants, qui offrent un éventail complet de produits, en concurrence directe avec des grands établissements formels de vente au détail. Ils utilisent des petites charrettes communément appelées des « pousse-pousse » pour vendre leurs produits (en général des produits manufacturés). Généralement, ces marchandises sont caractérisées soit par le fait qu'elles sont destinées aux populations pauvres, soit parce qu'elles sont prohibées, bénéficient d'effet de pénurie ou d'un différentiel de prix. Les marchands ambulants s'approvisionnent le plus souvent chez les commerçants grossistes qui font des activités formelles. Ou parfois, les produits viennent par fraude du Nigéria voisin.

Leur particularité, ils sillonnent les rues et les artères de la ville pour chercher de la clientèle. Ce qui leur permet de contourner les contrôles des agents de l'impôt et aussi d'être à proximité de leurs clients. En effet, leurs mouvements et leur déploiement empêchent les agents de la mairie et des impôts de les taxer. Les marchands ambulants sont bien organisés. En effet, leurs organisations octroient des droits de propriétés informels autour des gares et des marchés, et veillent au respect de ces droits. Il faut noter d'un côté que, les petits commerçants appartiennent à des réseaux caractérisés par des relations interpersonnelles de confiance et de coopération et sont liés aux unités domestiques (budget domestique et utilisation de la main d'œuvre familiale). Mais, de l'autre, ils sont insérés au marché et subissent la concurrence.

3.2 La place de l'économie informelle

Enfin, dans la deuxième partie des résultats, nous citerons les raisons pour lesquelles ces personnes sont impliquées dans l'économie informelle et nous évaluerons ensuite son importance dans le développement local.

Les différents exemples présentés attestent du dynamisme du secteur informel, de sa capacité d'adaptation et de son importance dans le processus du développement local.

Plusieurs facteurs sont pointés qui semblent contribuer à l'existence et au maintien du travail et du secteur informel. En premier lieu c'est le caractère simple de l'activité : la mise en œuvre de qualifications qui s'acquièrent de façon pratique, en dehors du système scolaire officiel. Et l'utilisation de techniques simples et de nombre réduit de travailleurs. Et en second lieu, il existe un effet de proximité fort : grâce à l'utilisation de ressources disponibles localement ; il y a l'importance de la structure familiale ; il faut noter aussi les débouchés de l'activité assurés sur des marchés informels, échappant à tout règlement et ouverts à la concurrence.

Actuellement, l'économie informelle est définie comme « un ensemble d'unités produisant des biens et des services en vue principalement de créer des emplois et des revenus pour les personnes concernées. Ces unités, ayant un faible niveau d'organisation, opèrent à petites échelle et de manière spécifique, avec peu ou pas de division entre le travail et le capital en tant que facteurs de production », (BIT, 1993). Ce qui est le cas de la ville de Zinder, et les relations de travail, lorsqu'elles existent, sont surtout fondées sur l'emploi occasionnel, les relations de parenté ou de relations personnelles et sociales plutôt que sur des accords contractuels comportant des garanties en bonne et due forme. Il faut noter aussi que les réseaux de commerce transnationaux se sont appuyés sur des appartenances familiales et sociales et sur le développement des nouvelles technologies. Les stratégies développées par l'informel de production nécessitent l'adaptation des acteurs, la recherche et la mise en œuvre d'innovations technologiques, l'articulation avec le secteur moderne.

A bien des égards, le développement de l'économie informelle peut être considéré comme la réponse apportée au défi de la croissance de la population, donc de la demande d'emplois souvent au détriment de l'accumulation du capital. A Zinder, l'économie informelle est devenue depuis 1990 le principal pourvoyeur d'emploi urbain. La majorité de la population tire l'essentiel de son revenu des activités informelles. De ce fait, elles sont principalement tournées vers la satisfaction des besoins de base de la population. L'informel a été, de fait, le principal moteur de la construction de la ville et de l'animation de la vie urbaine. La ville de Zinder d'aujourd'hui est le fruit du travail de l'économie informelle qui crée et transforme les produits agricoles, anime les marchés et même organise l'épargne.

Cependant, l'informel participe au processus d'urbanisation en offrant des emplois et de modestes rémunérations à un flux de nouveaux urbains, au prix d'une productivité faible et quasi stagnante. De ce fait, les caractéristiques et l'importance économique et sociale de ce secteur à Zinder lui confèrent un caractère singulier.

4. Discussion

Il y a six ans (2014) que la société de raffinerie de pétrole (SORAZ) s'est implantée à quelques kilomètres de la ville de Zinder. Une société exploitée par la coopération chinoise. Pourtant, la grande majorité de la population de Zinder ne consomme pas cette manne. Car, le prix à la pompe (station-service) coûte 540 francs CFA. Mais, à titre compensatoire depuis fort longtemps, la population de la région de Zinder profite des hydrocarbures venant du Nigéria par un canal irrégulier.

Dans le cas de la vente des hydrocarbures, on remarque alors que ces pratiques sont institutionnalisées et structurées. Donc, cette fraude est considérée comme une forme de résistance populaire contre les frontières artificielles et la règlementation douanière. En effet, les acteurs de la contrebande des hydrocarbures innovent dans leurs stratégies de commercialisation. De ce fait les stratégies utilisées dépendent parfois de l'itinéraire emprunté et de contexte de surveillance nationale contre la fraude au Niger. Cependant, les transporteurs des hydrocarbures maitrisent les mécanismes de contrôle et adoptent des stratégies en fonction de chaque situation. Les principales stratégies utilisées sont : la corruption, le contournement de la route principale, le déploiement de guide surveillant et les techniques de doubles réservoirs.

Les financements de la vente des hydrocarbures sont souvent basés sur des stratégies locales comme la caisse de solidarité sociale qu'on peut qualifier de marchande. (BAKO, 2006), « la recherche de financement des activités a introduit localement d'autres modes de vie, d'autres sociabilités plus interactives, plus solidaires et plus participatives, ce qui cimente les relations et l'organisation de la vente des hydrocarbures au Niger ».

Dans la vente des hydrocarbures, la particularité de Zinder est patente compte tenu du chômage des jeunes et de la pauvreté de la population. L'activité étant informelle, il n'existe pas des statistiques officielles qui dénombrent leur chiffre. De façon apparente, ceux qui exercent l'activité sont en majorité des jeunes, on y rencontre aussi des personnes de toutes les tranches d'âge qui y sont impliquées dans la fraude.

En dépit des efforts croissants déployés en vue d'analyser l'économie informelle, les activités correspondantes demeurent insuffisamment mesurées voire non enregistrées dans les comptes nationaux.

En effet, l'économie informelle perturbe l'activité économique générale, notamment lorsqu'elle entre en concurrence avec des entreprises formelles qui se conforment aux lois et règlements. De plus, l'économie informelle prive les recettes fiscales de l'Etat et les différentes collectivités, de contribution devant en provenir, malgré les nombreux contribuables potentiels qui y évoluent. (BARTHE, 2005). Comme de par leur nature les transactions informelles tendent à être réglées au comptant, et non pas par l'intermédiaire des banques, l'ampleur du secteur informel doit être liée positivement au rapport de l'argent liquide à l'ensemble de la masse monétaire.

Toutes ces activités génèrent des services qui ne sont pas répertoriés dans les statistiques officielles. On peut objecter que ces activités ne donnent pas lieu à un revenu monétaire explicite. Elles représentent pourtant une production réelle de services qui ont d'ailleurs des équivalents dans l'économie marchande. On estime ainsi que l'économie informelle représente le tiers du produit brut du Niger. (INS, 2018) et qu'elle occupe quelque 60% de la population active à plein temps et à temps partiel.

Avec des milliers de kilomètres de frontière (entre le Niger et le Nigéria) et les faibles moyens matériels et humains dont dispose la Douane Nigérienne, la fraude et la contrebande sont inévitables.

Cependant, la chasse aux commerçants de rue est l'une des méthodes utilisées par les pouvoirs publics pour décourager l'informel. Les autorités avancent également que le développement de l'informel entrave les efforts fournis par l'Etat pour réorganiser le paysage entreprenariat. Mais, des promoteurs de l'informel s'en défendent. Selon eux, les entrepreneurs qui sont partis de l'informel et qui ont réussi, commencent peu à peu à régulariser leurs activités même s'ils ont du mal à s'adapter aux règles fiscales du pays.

Cependant, bien qu'en dehors de toute régulation étatique, l'économie informelle n'en est pas pour autant marginale ou mal organisée. Elle repose souvent sur de véritables circuits très structurés, avec leurs propres règles de fonctionnement et sources de financement. Et contrairement aux idées reçues, elle ne regorge pas que des fraudeurs, de sans formations, ou de non diplômés ou encore de gens vivant de petits métiers.

A travers nos investigations nous avons remarqué que l'Etat ne répond pas aux besoins fondamentaux de la population dans les domaines de l'emploi, de la santé, du logement et de l'éducation qui est à l'origine du foisonnement du secteur informel. L'idée de dissimulation qui distinguait l'informel du formel s'avère aujourd'hui insuffisante, l'informel n'est plus uniquement cette économie invisible au fonctionnement autonome mais s'agence avec le secteur formel et les appareils de l'Etat. Toutefois, la limite entre formel et informel n'est plus aussi franche. Les politiques économiques et fiscales tentent toujours de formaliser l'informel et y réussissent partiellement.

Conclusion

Il ne faut pas non plus perdre de vue que l'existence d'activités informelles implique aussi une série d'avantages pour l'économie. Sans activités clandestines, certaines entreprises perdraient leur compétitivité ou ne pourraient plus réagir avec toute la souplesse voulue aux nouveaux développements et seraient condamnées à disparaître. L'économie informelle a donc une fonction salutaire en tant que bouée de sauvetage sociale et économique. Si l'économie informelle venait à disparaître, un certain nombre de citoyens émigreraient avec leur talent, leur capacité de travail et leur patrimoine. Certains jeunes et chômeurs, privés d'activités parallèles, auraient du mal à supporter psychologiquement une inactivité prolongée. Une série d'activités utiles ne seraient plus exercées parce que dans le circuit officiel les coûts sont prohibitifs.

Les différents exemples présentés (vente des hydrocarbures, vente à la sauvette, mototaxi) attestent du dynamisme de l'économie informelle, de sa capacité d'adaptation et de son importance dans le processus de développement. Il est certainement appelé à rester encore longtemps un moteur de l'économie régionale. Cela suppose qu'un certain nombre de défis soient relevés et que l'économie informelle participe mieux au processus de développement. Au niveau des politiques publiques, l'Etat Nigérien doit prendre conscience du fait que l'informel est une ressource majeure pour l'économie en termes d'emploi et de revenus mais aussi en termes de prélèvement fiscal.

Références bibliographiques

ABDO, H. M., 2008. Les échanges transfrontières : l'influence asymétrique du Nigéria sue le Niger dans le commerce des produits céréaliers, CERDI, Université d'Auvergne, Clermont-Ferrand.

ANNIE, C. L., 2004. Comment les NTIC sont-elles compatibles avec l'économie informelle en Afrique ?

BAKO, A. N., 2006. La corruption dans les transports et la douane au Bénin, au Niger et Sénégal, LASDEL, Niamey.

BARTHE, M.A., 2005. Chômage, travail au noir et entraide familiale, Consommation, Syros, Alternatives, Paris.

BULLETIN D'INFORMATION, INSTITUT NATIONAL DE LA STATISTIQUE, 2018, Niamey, NIGER.

HART, K., 2005. Formal Bureaucracy and the Emergement Forms of the Informal Economy, (N0 2005/11), WIDER Rechearch Paper.

GAUTIER, J. F., 1999. L'informel est une forme de fraude fiscale ? Une analyse micro-économétrique de la fraude fiscale des microentreprises à Madagascar. Le Monde.

KAHLOULE, N. T., 2005. Les composantes sociales et politiques de la vente de l'essence dans l'économie informelle à Cotonou. FLASH, Université d'Abomey-Calavi, Cotonou.

KOFFI, KOFFI, P., 1987. Le secteur informel comme élément de politique de l'emploi en Côte d'ivoire, Séminaire pour la promotion du secteur informel, Direction de l'emploi, Abidjan.

MONTCHO, B., 2008. Problématique de l'interdiction de la vente du carburant dans le secteur informel à Cotonou, Mémoire de Maîtrise de sociologie, Université d'Abomey-Calavi, Cotonou.

TOURE, A., 1985. Les petits métiers à Abidjan, Karthala, Paris.

CHAPITRE 7

Effets socio-économiques de l'opération de libération des espaces publics dans l'arrondissement de Calavi (commune d'Abomey-Calavi) au sud-ouest du Bénin

Judith Eric Georges YETONGNON, Toundé Roméo Gislain KADJEGBIN
Université d'Abomey-Calavi

Résumé : L'étude des effets socio-économiques de l'opération de libération des espaces publics dans l'arrondissement de Calavi (commune d'Abomey-Calavi) est une contribution qui vise à mieux cerner les incidences de cette décision du gouvernement à aménager ces espaces sur la vie des populations de l'arrondissement de Calavi. Les recherches documentaires, les travaux de terrain et les enquêtes socio-économiques menées, ainsi que l'analyse des résultats représente l'approche méthodologique adoptée. De plus, le modèle conceptuel SWOT a été utilisé pour récapituler les résultats obtenus au terme de cette recherche. De cette analyse, il ressort que l'opération de déguerpissement des espaces publics a touché la totalité de la population de Godomey (100 %). Parmi les personnes retenues pour l'enquête, 45 % salut la décision mais trouvent cela trop précipité ; 33 % la jugent mauvaise, 15 % n'ont rien à reprocher à l'Etat et 7 % sont neutres. Il est à noter que plus de 90 % des personnes exerçants des activités génératrices de revenus de façon illégale et ayant occupées les domaines de l'Etat, se sont vu purement renvoyés selon les enquêtes de terrain. Ainsi, ils ont perdu leur gagne-pain. Néanmoins, d'autres s'en sont sortis car remplissant les normes et ayant été dédommagés. Vu l'importance des travaux et les délais d'exécution, les autorités tant municipales, locales que gouvernementales ont mis en place des stratégies visant à ne pas créer trop de désagréments.

Mots clés : Effets socio-économiques, opération de libération, espaces, publics, croissance démographique, environnement, arrondissement de Calavi.

Abstract : The survey of the socioeconomic effects of the operation of liberation of the public spaces in the precinct of Calavi (township of Abomey-Calavi) is a contribution that aims to surround the impacts of the government's decision better to arrange his/her/its spaces on the life of the populations of the precinct of Calavi._The documentary research, the works of land and the socioeconomic investigations led on the land, as well as the analysis of the results represents the methodological approach adopted to reach the discounted objectives. Besides, the model conceptual SWOT has been used to sum up the results gotten to the term of this survey. Of this analysis, it comes out again that the operation of déguerpissement of the public spaces touched the totality of the population of Godomey (100 %). Among them investigated, 45 % hello the decision but find it too precipitate; 33% judge it bad and 15 % don't have anything to blame the state and 7 % are neutral. Is to note that more than 90 % of the exercising people of the generating activities of come-back in an illegal way and having occupied the domains of the state, are seen themselves sent back merely. Thus, they lost their livelihood and returned out of work. Nevertheless, others managed it because filling the norms and having been compensated. Seen the importance of works and the delays of execution, the authorities so much municipal, local that those of the government put the strategies aiming to not to create too many annoyances in place.

Keywords: Socioeconomic effects, operation of liberation, spaces, public, demographic, environment, precinct of Calavi.

Introduction

L'évolution du monde a modifié les termes dans lesquels se pose le problème régional, plus exactement elle a donné une importance croissante à un type d'organisation de l'espace auquel jusqu'alors on avait prêté une insuffisante attention. L'espace est le support de la vie et de l'activité humaine. Depuis plusieurs années, les problèmes liés à la non-libération des espaces publics persistent. Ils sont de nos jours une réalité. En effet, pour répondre aux objectifs de développement et de bien-être social, plusieurs documents ont été élaborés sur le plan national. Nous pouvons citer par exemple la DEPONAT (Déclaration de la Politique Nationale d'Aménagement du Territoire) qui prévoit de garantir à l'échelle locale un bon équipement pour assurer à l'ensemble des ménages l'accès aux services de base et favoriser le développement des activités productives (L. Sagbo, 2012, p 9).

Pour le géographe, l'espace est l'étendue terrestre utilisée et aménagée par les sociétés en vue de leur reproduction non seulement pour se nourrir et s'abriter mais dans tout complexe des lieux et de leurs relations. L'espace géographique comprend tout ce qui fait la singularité des lieux et l'ampleur de leurs relations : peuple et populations, villes et villages avec toutes leurs caractéristiques (P. Claval, 2006, p 31).

En Afrique tropical, les villes sont perçues comme des lieux de réussite sociale par leur mirage et leur attrait par des populations rurales (B. N'Bessa, 1997, p75-76). La ville est l'un des facteurs de l'organisation de l'espace. L'influence d'une ville s'exprime par l'importance et la localisation de la population qui a recours aux services et aux biens qu'elle fournit (M. Hagnerrelle, 1994, p 107). L'espace est organisé par une métropole, une grande ville pourvue de la gamme à peu près complète des services les plus rares, qui coordonnent les activités d'un important groupe humain (E. Juillard, 1970, p 26). L'organisation de l'espace par une ville est fortement tributaire de la structure de l'espace. L'espace se structure autour d'un axe majeur de forte densité de population et d'urbanisation intense. Les hommes en société construisent leur espace de vie. L'homme n'intervient donc presque jamais seul, mais, la plupart du temps au sein du groupe social (M. Hagnerrelle, 1999, p18).

D'après M. Agossou (2008, p11), l'intégration régionale vise à montrer les nouvelles stratégies d'organisation de l'espace et l'avenir des Etats nations face à ces stratégies. Pour atteindre ses objectifs, d'importants travaux sont réalisés et continuent d'être réalisés sur toute l'étendue du territoire concernant la libération des espaces publics. Ainsi, face à cette situation, l'Etat a pris ses responsabilités après tant de sommations envoyées aux occupants de libérer les emprises des espaces publics. Tel est le cas de la commune d'Abomey-Calavi. Passé le délai fixé, le trente et un décembre deux mille seize (31/12/2016), le gouvernement, à travers le préfet, se réserve le droit de descendre sur le terrain pour mettre de l'ordre. Pourtant, la préoccupation de l'homme a toujours été et demeure encore la satisfaction des besoins fondamentaux. Ainsi, le Bénin à l'instar des autres pays en voie de développement est confronté aux problèmes de libération des espaces publics. De nombreux facteurs dont les facteurs sociologiques (au sens large) et les facteurs économiques sont pour la plupart à l'origine de ces problèmes (A. Houédénou, 2007, p 7).

La question de l'occupation anarchique des lieux publics est devenue une source de préoccupation dans la capitale. Cette situation ne laisse aucun citoyen indifférent au point où les autorités du Bénin sont régulièrement indexées. C'est pourquoi, ces dernières ont décidé une fois pour toute de finir avec cette situation qui n'est pas sans conséquence sur la vie de la population. Les déguerpissements reposent en effet sur des conflits autour de la reconnaissance du droit à occuper des espaces convoités mais aussi du droit à être considérés comme citadins. En s'inscrivant dans un contexte de développement durable, où l'on doit concilier les préoccupations des espaces publics ; il est nécessaire de prêter une attention particulière quant aux effets de l'opération de libération des espaces publics sur le milieu naturel et plus particulièrement sur les activités socio-économiques. Ainsi, pour aborder cette étude, il a été tout d'abord question de présenter le cadre d'étude suivi de l'approche méthodologique de recherche. Ensuite, les résultats obtenus ont été présentés. Enfin, les résultats obtenus ont été discutés ; ce qui a permis de déboucher sur la conclusion.

2. Contexte de l'étude

2.1. Situation géographique du milieu de l'étude

L'arrondissement d'Abomey-Calavi est situé en plein cœur de la commune d'Abomey-Calavi entre les parallèles 6°26' et 6°30' latitude nord et les méridiens 2°20' et 2°22' longitude est. Il partage ses frontières avec la commune de Cotonou à l'est, l'arrondissement de Togba à l'ouest, au sud par Godomey et au Nord par Glodjigbé et Akassato (Mairie d'Abomey-Calavi, 2006, p 15). La figure 1 présente la situation géographique de l'arrondissement d'Abomey-Calavi.

Figure 1 : Situation géographique et subdivisions administratives de l'arrondissement de Calavi

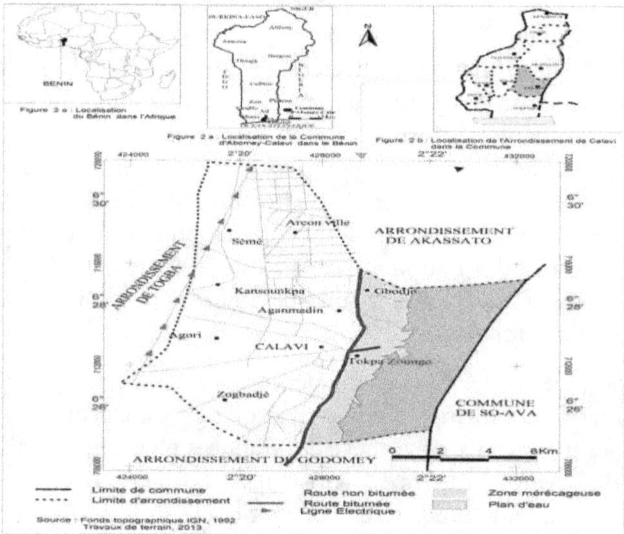

Source : IGN, 1992 et travaux de terrain, 2013

2.2. Approche méthodologique de recherche

Les données utilisées sont entre autres les données démographiques de l'arrondissement de Calavi constituée des effectifs des populations pour la période 1979-2013 disponibles à l'INSAE ; des données climatologiques à l'échelle annuelle (hauteur de pluies, températures moyennes sur la période de 1975 à 2010) disponible à l'ASECNA ; des données qualitatives d'investigation socio-anthropologique qui ont permis d'appréhender la perception des populations sur les conséquences de l'opération de libération des espaces publics et de cerner les mesures d'adaptation développées par l'Etat à leur égard. Par ailleurs, les techniques mises en œuvre comme l'observation directe et des entretiens semi-directifs ont permis respectivement d'identifier les villages et quartiers de ville affectés par le déguerpissement et de comprendre le comportement de ses personnes concernées face à un tel problème. Il a été utilisé à cet effet, le questionnaire et la grille d'observation ; l'approche MARP (Méthode Accélérée de Recherche Participative) qui consiste à s'intéresser d'abord aux réalités quotidiennes des acteurs retenus pour l'enquête (activités socioprofessionnelles). Elle a permis de créer l'ambiance nécessaire pour l'obtention des informations fiables ; l'entretien de groupe a permis de confronter et de compléter les informations collectées à l'aide du guide d'entretien. Les outils tels que les questionnaires d'enquête sont utilisés pour collecter des fiables informations et auprès des sinistrés sur le terrain ; le guide d'entretien adressé aux personnes ressources a servi de repère pour les objectifs à atteindre. Quant aux matériels utilisés sur le terrain, il est utilisé un appareil photographique pour la prise des vues des bâtiments cassés et des abords des voies de l'arrondissement de Calavi ; un bloc-notes pour la collecte d'importantes informations.

Les données collectées ont été dépouillées, classées, regroupées et présentées sous forme de tableaux et de figures. Ensuite, il a été procédé à l'analyse et à la synthèse des données recueillies au niveau de ces différentes structures. Ainsi, les informations recueillies auprès des populations retenues pour l'enquête sont traitées par les logiciels Word 2010 pour les textes, Excel 2010 pour les tableaux et figures, Arc-view 3.2 pour les courbes et les cartes. Il a été également utilisé le modèle SWOT pour l'analyse des données collectées sur le terrain.

2.3. Echantillonnage

La technique d'échantillonnage a consisté à répertorier tous les quartiers de villes affectées par la problématique de libération des espaces publics avec leur population respective. La taille de l'échantillon a été déterminée en suivant la méthode de D. Schwartz (1995, p 9) qui se formule comme suit :

$$N=Z\alpha^2.PQ\ /d^2$$

Avec :

N = taille de l'échantillon par village
$Z\alpha$= écart fixé à un degré de confiance de 95 %
P = nombre de ménages par quartier de ville
d= marge d'erreur qui est égale à 5 %

La taille de l'échantillon a été calculée avec un degré de confiance de 95 % et une marge d'erreur de 5 % (de plus ou de moins).

$Z\alpha^2 = (1{,}96)^2 = 3{,}841$

$P = 117824 / 656358 = 0{,}17$

$Q = 1\text{-}p = 1\text{-}0{,}17 = 0{,}83$

$d^2 = (5\ \%)^2 = 0{,}0025$

N = 216,81 soit 217 personnes par quartier de ville.

D'après les informations recueillies sur le terrain, cet accroissement rapide est dû à l'afflux d'immigrants en quête d'opportunité. Ainsi, les six (06) quartiers de villes que compte l'arrondissement de Calavi ont été retenus. Il s'agit d'Agori, Gbodjo, Tokpa- Zoungo, Agamandin, Kansoukpa, Sèmè. Le tableau 1 présente les caractéristiques de l'échantillon utilisé dans le cadre de cette recherche.

Tableau 1 : Caractéristique de l'échantillon utilisé

Commune	Arrondissement choisi	Quartiers de ville	Nombre total de personnes	Nombre de personnes retenues pour l'enquête	Fréquences des personnes retenues en %
Abomey-Calavi	Calavi	Agori	62 586	115	53
		Gbodjo	4 577	09	04
		Tokpa-Zoungo	6 306	12	05
		Agamandin	17 469	32	15
		Kansoukpa	14 280	26	12
		Sèmè	12 606	23	11
Total	01	06	117 824	217	100

Source : Résultats d'enquête de terrain, juillet 2017

Il ressort de l'analyse du tableau II, qu'un total de 217 personnes a été retenu pour l'enquête lors des travaux de terrain conduit dans six quartiers de ville de l'arrondissement. De plus, le chef d'arrondissement de Calavi, les chefs de village ont été interrogés dans l'équipe des personnes interviewées. Le tableau 2 montre les caractéristiques de l'échantillon des autorités et personnes ressources.

Tableau 2 : Caractéristique de l'échantillon des autorités et personnes ressources

Commune	Arrondissement choisi	Quartier de ville	Nombre d'autorités retenues pour l'enquête	Nombre de personnes ressources retenues pour l'enquête
Abomey-Calavi	Calavi	Agori	02	03
		Gbodjo	01	01
		Tokpa-Zoungo	02	01
		Agamandin	02	02
		Kansoukpa	02	01
		Sèmè	01	02
Total	01	06	10	10

Source : Résultats d'enquête de terrain, juillet 2017

Il ressort de l'analyse du tableau 2, qu'un total de 20 personnes ressources et d'autorités a été retenu pour l'enquête lors des travaux de terrain conduits dans six quartiers de ville de l'arrondissement afin de rendre des informations plus fiables. Notons que le choix de ces personnes ressources et autorités a été fait de façon raisonnée.

1.4 Résultats

1.4.1 Facteurs physiques favorables à l'opération de libération des espaces publics dans l'arrondissement de Calavi

1.4.1.1 Climat

L'arrondissement de Calavi subit l'influence du climat subéquatorial perceptible dans toute la commune d'Abomey-Calavi, à quatre saisons à savoir une grande saison sèche de décembre à mars, une grande saison pluvieuse d'avril à juillet, une petite saison sèche qui couvre le mois d'août à mi-septembre, et une petite saison pluvieuse de mi-septembre à novembre. Cette répartition n'est pas radicale et connait des décalages sensibles qui peuvent aller jusqu'à 15 jours voire plus. La moyenne pluviométrique annuelle est de 1200 mm dans l'arrondissement de Calavi (ASECNA, 2012, p 4). Pendant les saisons pluvieuses, on note la présence des flaques d'eau par endroit, des zones d'inondations ; ce qui occasionne des désagréments sur la santé des populations (Mairie de Calavi, 2006, p 27). Le graphique 1 présente le régime pluviométrique de la commune d'Abomey-Calavi.

Graphique 1 : Régime pluviométrique moyen à Calavi

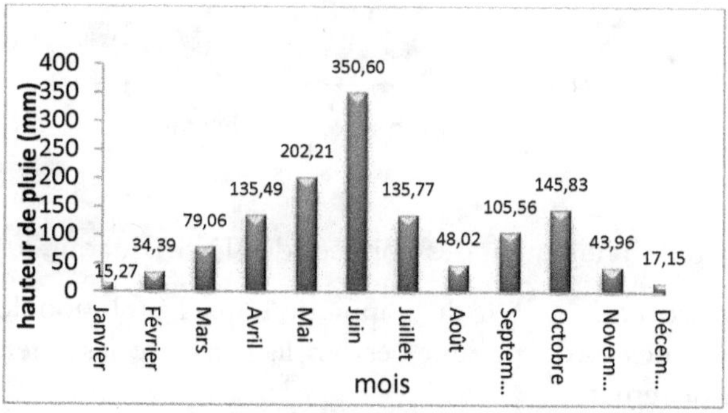

Source : Traitement des données de l'ASECNA, août 2017

De l'analyse du graphique 1, il est à retenir que le maximum de pluie est obtenu dans le mois de juin et en une année, deux saisons sont obtenues dont la première (grande) d'avril à juillet et la deuxième de septembre à novembre. A Calavi, le climat a eu d'influence sur l'opération de libération des espaces publics en ce sens que la pluie a envahi les effets ainsi que les marchandises des personnes affectées.

2.4.1.2. Données humaines

L'arrondissement de Calavi compte une population de 117 824 habitants sur les 1 398 229 de la commune en 2013 avec 59 814 hommes et 58 010 femmes (INSAE, 2013, p 35). Le graphique 2 présente l'effectif de la population en 2013 selon le sexe.

Graphique 2 : Répartition de la population selon le sexe en 2013

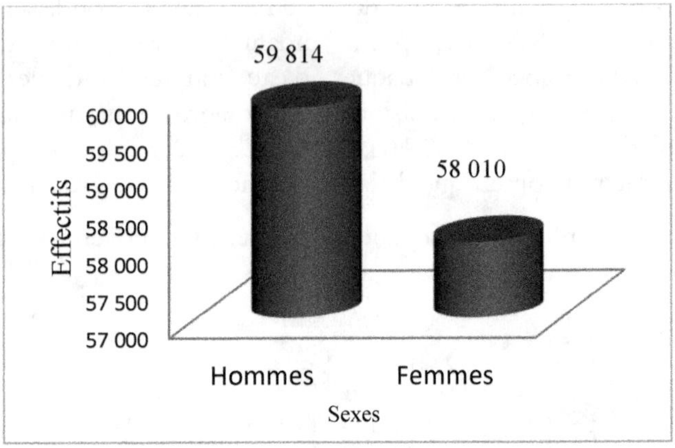

Source : Traitement des données de l'INSAE, août 2017

Il ressort de l'analyse du graphique 1, que l'évolution de l'effectif des hommes et des femmes est en liaison avec les opérations de déguerpissement.

Ce taux a augmenté comparativement au recensement de 2002 qui présente un total de 61 450 habitants soit un taux de croissance de 4,2 % (INSAE, 2013, p 35). Le graphique 3 présente la répartition de la population de 1979 à 1992 et de 2002 à 2013 à Calavi.

Graphique 3 : Effectifs des populations selon le sexe à Calavi

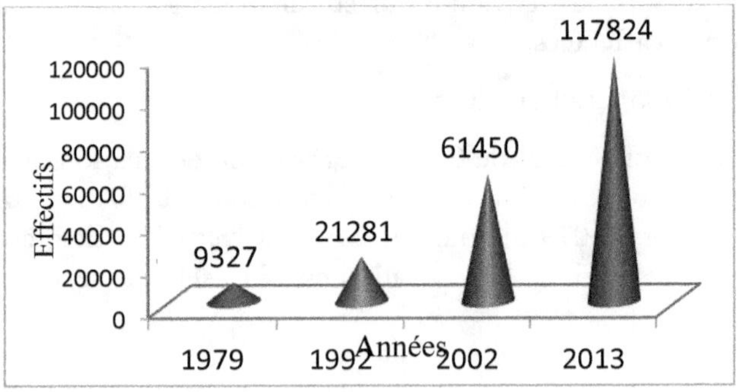

Source : Traitement des données de l'INSAE, août 2017

Il ressort de ce graphique 3 que la population d'Abomey-Calavi est inégalement répartie dans les quartiers de villes de l'arrondissement.

2.4.2. Incidences socio-économiques de l'opération de libération des espaces publics

L'opération de libération des espaces publics a des incidences socio-économiques sur la population de Calavi. Ces incidences sont d'ordres sociaux, économiques et environnementaux.

2.4.2.1. Conséquences sociales

Les politiques de déplacements forcés dans la ville d'Abomey-Calavi en particulier ont lieu dans des contextes extrêmement divers. De l'éviction pure et simple aux propositions de « recasement » sur des parcelles assainies ou d'accès au logement social, les mesures adoptées par les acteurs du déguerpissement divergent en fonction du contexte politique et foncier et des moyens dont sont dotés les programmes de réinstallation. Il faut voir dans ces déplacements forcés une chance d'accès au foncier régulier pour les citadins pauvres, ce que certains acteurs considèrent comme une forme de sécurisation foncière ou au contraire il s'agit d'une façon d'éloigner certains groupes marginalisés des ressources urbaines localisées au centre-ville. La planche 1 présente une école privée cassée en face du CEG I d'Abomey-Calavi.

Planche 1 : Vue partielle d'une école privée cassée en face du CEG I d'Abomey-Calavi

Prise de vue : Yetongnon, Septembre 2017

La planche 1 montre la vue partielle d'une école privée cassée en face du CEG I Abomey-Calavi. Il en ressort qu'aucune infrastructure aussi privée ou luxueuse soit elle n'a été épargnée par ladite opération.

Les méthodes employées pour déguerpir sont proches d'un pays à l'autre et la précipitation en est une caractéristique commune. Même lorsque le processus de déplacement est prévu de longue date et fait partie d'un projet de développement, le déplacement a lieu dans l'urgence et la violence, ne laissant pas toujours le temps aux personnes déplacées de rassembler leurs effets personnels. Le moment du déguerpissement est vécu par nombre de citadins comme un traumatisme et reste dans les mémoires comme un évènement marquant. La planche 2 montre la vue partielle de l'état des habitations en plein déguerpissement.

Planche 2 : Vue partielle de l'état des habitations en plein déguerpissement

Prise de vue : Yetongnon, Septembre 2017

De la planche 2, il est à retenir que les habitations des populations qui se retrouvent dans la ligne rouge ont été détruites afin de permettre une bonne visibilité.

Il a été remarqué que lorsque les déguerpis sont conduits de force vers leur nouveau site, il arrive qu'on leur demande de détruire eux-mêmes leur logement (photo 1). Ces différentes formes de violence, physique ou symbolique, mettent les déplacés dans un rôle d'inférieurs en disqualifiant leur mode de vie.

Photo 1 : Vue partielle d'un complexe scolaire qui a été cassé par le propriétaire à Tokpa-Zoungo

Prise de vue : Yetongnon, septembre 2017

La photo 1 présente un complexe scolaire cassé par son propriétaire. Ce complexe du nom de complexe scolaire Euclide créé en 2006, avec cette opération de libération des espaces publics était obligé de se conformer à cette décision et a informé ses élèves afin que chacun puisse se trouver un autre collège.

Selon 80 % des populations retenues pour l'enquête, la relégation spatiale et sociale des déplacés aux marges de la cité est le produit d'un rapport de force entre une pluralité d'acteurs plus ou moins identifiés par les populations victimes mais assez semblables d'une société à l'autre. Schématiquement, il résulte de la confrontation entre des populations marginales (marchands de rue, étrangers, résidents pauvres de quartiers dégradés) et des « déguerpisseurs » requérant l'évacuation et s'appuyant sur un pouvoir établi à différentes échelles (Etat, autorités locales, promoteurs, sociétés privées). Des négociations peuvent avoir lieu entre ces différentes parties principalement autour de l'octroi de compensations. Comme dans tout rapport de force, des stratégies différenciées émanent en fonction des rapports de pouvoir. Parmi les habitants ou commerçants menacés d'éviction, 90 % ont préféré se résigner et de trouver une place ailleurs en ayant (ou non) reçu une compensation financière ou foncière, tandis que les jusqu'au-boutistes (10 %) se maintiennent sur les terrains controversés le plus longtemps possible dans l'espoir d'obtenir gain de cause, ou au moins, une meilleure compensation. Ces différentes stratégies traduisent une « diversité de profil des expulsés » qui agissent individuellement en fonction de leurs ressources économiques et sociales. La brutalité et la violence des opérations résident ainsi dans l'atomisation des stratégies à l'échelle même du quartier. La photo 2 montre la vue de quelques paillotes démolies à Tokpa-Zoungo.

Photo 2 : Vue de quelques paillotes démolies à Tokpa-Zoungo

Prise de vue : Yetongnon, Septembre 2017

La photo 2 montre la vue de quelques paillottes démolies à Tokpa-Zoungo du fait de leur emplacement sur les espaces publics de l'Etat.

2.4.2.2. Conséquences économiques

Parmi les déconvenues économiques du déguerpissement, figure l'incapacité des commerçants à solder les créances acquises auprès des structures financières comme l'a témoigné 80 % des personnes rencontrées sur le terrain.

Pire, certaines réformes, dont notamment la libération des espaces publics a impacté négativement les activités économiques.

Les activités économiques depuis quelques mois sont plombées. Cette situation triste qui embarrasse plus d'uns, est la résultante de la fameuse opération de libération des espaces publics entamé par le gouvernement de la rupture. La planche 3 présente la vue partielle de quelques boutiques affectées par le déguerpissement à Tokpa-Zoungo.

Planche 3 : Vue partielle de quelques boutiques affectées par le déguerpissement

Prise de vue : Yetongnon, septembre 2017

La planche 3 présente la vue partielle d'une boutique affectée par le déguerpissement à Agori.

En plus d'avoir privé certaines populations (environ 70 %) de l'arrondissement de Calavi d'exercer leurs activités, cette opération entreprise par le gouvernement a bien évidemment eu d'autres conséquences. Parmi elles, la plus perceptible est l'impact qu'a eu cette opération sur les activités économiques.

Au cours des enquêtes menées sur le terrain, bien de sinistrés (65 %) ont affirmé que leurs activités ont tourné au ralentie voire stoppé depuis la phase répressive. Des restauratrices se sont vues obligés de rester à la maison, vu qu'elles n'ont plus d'espace où exercer leur métier. Les tableaux 3 et 4 présentent les valeurs chiffrées des personnes affectées par le déguerpissement sur le plan économique avant et après la répression.

Tableau 3 : Estimation de la perte du chiffre d'affaire des personnes affectées par le déguerpissement

Personnes affectées par le déguerpissement	Biens affectés	Fréquences des personnes affectées en %	Valeur chiffrée par individu / Mois en FCFA
Commerçants	Boutique	21	1.475.000
	Appâtâm	11	40 000
	Baraque	25	30 000
	Enclos circonstanciels	8	10 000

Total 1		65	1 555 000
Artisans	Ateliers	35	50.000-1 000 000
Total 2	_	35	50.000-1 000 000
Grand Total	_	100	2 555 000

Source : Enquêtes de terrain, juillet 2017

Tableau 4 : Estimation de la perte du chiffre d'affaire des personnes affectées par le déguerpissement

Personnes affectées par le déguerpissement	Biens affectés	Fréquences des personnes affectées en %	Valeur chiffrée par individu en FCFA
Commerçants	Boutique	21	500 000
	Appâtâm	11	13 000
	Baraque	25	10 000
	Enclos circonstanciels	8	4 000
Total 1		65	527 000
Artisans	Ateliers	35	15 000-100 000
Total 2	-	35	15 000-100 000
Grand Total	-	100	627 000

Source : Enquêtes de terrain, juillet 2017

Légende : - = non précisée par les personnes retenues pour l'enquête

Les tableaux 3 et 5 montrent en termes de statistiques, les personnes affectées par le déguerpissement ainsi que les conséquences néfastes du déguerpissement sur l'économie et les biens. Aussi, il faut noter que ces deux tableaux montrent la valeur des biens qui existaient avant l'opération et les pertes issues de l'opération de libération des espaces publics chez les sinistrés.

2.4.2.3. Conséquences environnementales

Sur le plan environnemental, les conséquences sont plus positives parce que l'opération de libération des espaces publics garantit aux populations un meilleur cadre de vie. Ainsi, cette opération vise à améliorer les conditions de déplacement urbain qui est un facteur d'amélioration de la productivité urbaine. En effet, les gains de temps (on circule mieux et plus vite) qui résultent de la libération des trottoirs vont faciliter l'accès des clients, des piétons aux activités de commerce et de service (planche 4).

Planche 4 : Vue partielle des trottoirs libérés facilitant la libre circulation des populations

Prise de vue : Yetongnon, Septembre 2017

La planche 4 montre une vue partielle des trottoirs libérés facilitant la libre circulation des populations. Elle traduit en effet, la sécurité routière du fait que non seulement les abords ont été dégagés mais aussi qu'une visibilité claire est faite sur l'axe.

Les investigations auprès de 70 % des personnes retenues pour l'enquête ont montré de nos jours que le déguerpissement a fait disparaître les activités dont l'installation est permanente pour des activités foraines de commerce. Dans le cas où le vendeur doit présenter aux clients ses produits, il le fait de façon mobile tout en circulant avec son étalage. De même, selon 100 % des autorités retenues pour l'enquête, un particulier qui possède son restaurant à l'intérieur de l'espace dit de l'Etat ou public, peut, par dérogation, disposer temporairement des couverts sur une partie du trottoir où il peut mettre des parasols. Mais la nuit, tout est enlevé afin que la voie publique puisse être intégralement nettoyée et ceci conformément à des règles et procédures communales qui doivent être mieux précisées pour être bien respectées.

Par ailleurs, ces espaces libérés ont permis également de planter des arbres aux alentours pouvant permettre aux populations de se reposer sous ses arbres pour prendre de l'air en temps de chaleur (planche 5).

Planche 5 : Vue partielle de quelques arbres plantés aux alentours des trottoirs libérés à Gbodjo

Prise de vue : Yetongnon, Septembre 2017

La planche 5 présente une vue partielle de quelques arbres plantés aux alentours des trottoirs libérés à Gbodjo. Il en ressort qu'après l'opération de libération des espaces verts, il a été procédé à un réaménagement du lieu.

La figue 2 présente le modèle SWOT appliqué à l'analyse des résultats.

Figure 2 : Récapitulatif des résultats à l'aide du modèle d'analyse SWOT

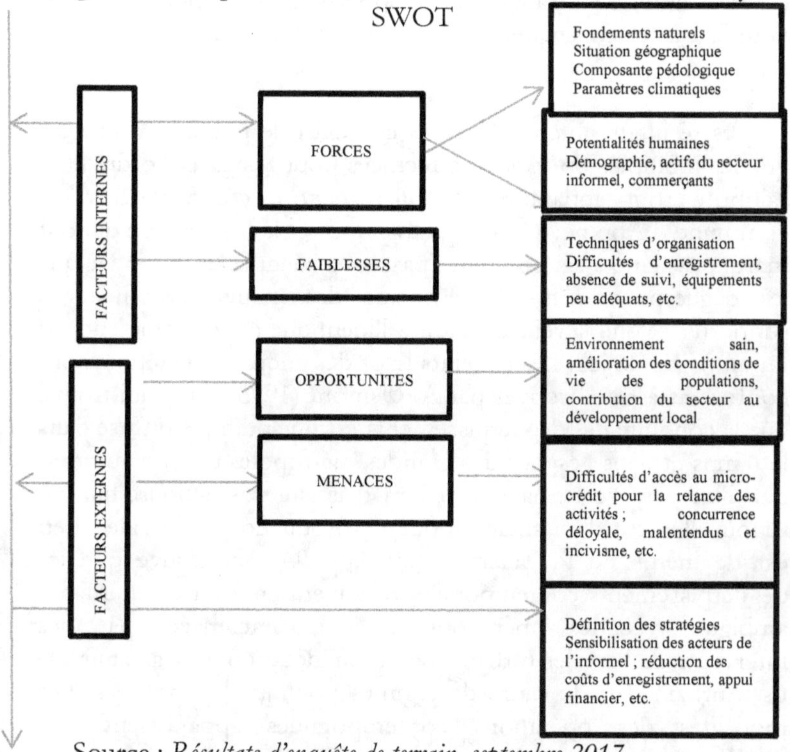

Source : *Résultats d'enquête de terrain, septembre 2017*

Ce modèle est un outil d'analyse intégré des aspects socio-économiques. Il a permis d'identifier les facteurs internes, d'une part, constitués des fondements naturels à travers la situation géographique, la composante pédologique , les paramètres climatiques ; des potentialités humaines basées sur la démographie, le secteur informel actif, les commerçants puis les techniques d'organisation consacrer aux difficultés d'enregistrement, l'absence de suivi, les équipements peu adéquats et les facteurs externes d'autre part basés sur un environnement sain, l'amélioration des conditions de vies des populations. Les menaces identifiées sont liées aux difficultés d'accès aux micro-crédits pour la relance des activités. Ces deux facteurs influencent l'opération de libération des espaces publics dans l'arrondissement de Calavi. L'utilisation de ce modèle a facilité la connaissance des facteurs favorables, des conséquences, les opportunités, les menaces ainsi que la détermination des stratégies développées par les populations pour faire face à ces conséquences.

Discussion

Les résultats obtenus lors des enquêtes de terrain ont montré que les multiples opérations effectuées pour restaurer l'ordre et la salubrité font apparaître un bilan encore contrasté dans la commune d'Abomey-Calavi. La tolérance et le laisser-faire qui ont marqué les cinq à six décennies passées avaient accrédité l'idée que les déguerpissements n'étaient que des mauvais moments à supporter et que la réinstallation à l'identique et au même endroit faisait partie du jeu. Les résultats issus des enquêtes de terrain sont conformes à ceux trouvés par A. Osmont (1995, p 11) qui trouve que la conduite des déguerpissements est une pratique diffuse dans le temps et dans l'espace des grandes métropoles du Sud au point que l'on peut se demander si l'on n'assiste pas, aujourd'hui, au renouvellement d'un ancien mode de production de la ville. Il en est de même de P. Talercio, (2008, p 93) qui trouve que les déguerpissements contemporains réactivent en effet des héritages ambigus avec les opérations passées caractérisées par des interventions brutales (urbanisme du bulldozer) pour « assainir » le tissu urbain dans le cadre de régimes politiques autoritaires. Les modalités des opérations contemporaines apparaissent fort différentes d'une société à une autre, en termes de gouvernance, de temporalités, de registres, de justification et de projet urbain (tant dans le devenir des espaces libérés que dans celui des possibles espaces de « réinstallation ». Ils sont également similaires à ceux obtenus par A. Spire et *al.*, (2014, p 44-45) qui trouvent que le point commun des mobilités forcées provoquées par les déguerpissements passés et présents dans les villes du Sud réside dans un rapport de force généralement violent entre déguerpis et « déguerpisseurs » attirés par la reconquête des espaces centraux et péricentraux revalorisés. Les déguerpissements révèlent des effets de concurrence dans la manière de produire la ville au Sud et donnent naissance à la constitution de registres de légitimité, explicites ou implicites, de la condition citadine et des modalités de production de l'espace urbain, au centre et en périphérie. Berry-

Chikhaoui (2007, p 156) dans ses recherches affirme que l'absence du mot déguerpissement pour analyser les déplacements forcés actuels dans la métropole carioca paraît liée à l'environnement institutionnel et politique des opérations. Le mot déguerpissement va à l'encontre de la promotion d'espaces de négociation dans un contexte démocratique (avec une Constitution à l'échelle de l'État fédéral qui proclame le droit à la ville et au logement) et minimise probablement le rôle important des indemnités octroyées aux catégories de citadins déplacés, malgré tout, par la contrainte.

Conclusion

La présente recherche a traité des effets socio-économiques de l'opération de libération des espaces publics dans l'arrondissement de Calavi. L'approche méthodologique adoptée est fondée sur la collecte des données, leur traitement suivi de l'analyse de ces dernières à travers le modèle SWOT. Les résultats obtenus ont montré que l'opération de déguerpissement entrepris par le gouvernement offre un regard très différent lors de son application, changeant de ce fait le paysage dans les villes du Sud en général et à Calavi (Bénin) en particulier. Cet état de chose a permis d'observer des modes opératoires relativement variés mais des problématiques proches dans la généralisation des mobilités forcées à l'échelle intra-urbaine dans le cadre des politiques de renouvellement urbain dans la commune d'Abomey-Calavi en générale. Les conflits qui entourent les déguerpissements dans l'arrondissement de Calavi révèlent la coproduction de registres de légitimité et d'illégitimité citadine caractérisée par des processus de normalisation des déguerpissements inscrits à différentes échelles de temps. La généralisation de ces processus pose la question de la mise en place d'un modèle de cadre de vie injuste produite à l'échelle locale par des mécanismes de destruction et d'exclusion.

Références bibliographiques

AGOSSOU MICHEL, (2008) : L'organisation de l'espace régional par Kétou, Mémoire de maîtrise de Géographie, DGAT/FASHS/UAC, 95 p.

ASECNA, (2012) : Régime pluviométrique moyen à Calavi, Traitement des données, 5ème édition, Cotonou, 4 p.

BERRY-CHIKHAOUI ISABELLE, (2007) : « Les citadins face aux enjeux d'internationalisation de la ville. » Casablanca et

Marseille : où est le Nord, où est le Sud ? *Autre part, n°41*, Edition Seuil, Paris, pp.149-163.
HAGNERRELLE MICHEL, (1994) : La France dans l'espace Européen, Edition Magnard, Paris, 368 p.
HAGNERRELLE MICHEL, (1999) : Fichier de géographie, Edition Magnard, Paris, 54 p.
HOUEDENOU ALEXIS, (2007) : Impacts socio-économiques de l'érosion côtière dans la commune de Grand- Popo, Mémoire de maîtrise de Géographie, DGAT/ FASHS/UAC, 92p.
INSAE, (2013) : Effectifs de la population des villages et quartiers de ville du Bénin (RGPH-4, 2013), 4ème édition, Cotonou, 85 p.
JUILLARD ETIENNE, (1970) : La région : contributions à une géographie générale des espaces régionaux, Edition Seuil, Paris, 199 p.
MAIRIE DE CALAVI, (2006) : Plan de Développement Communal (2005-2009), 6ème édition, Afrique conseil, Abomey-Calavi, 78 p.
N'BESSA BENOIT, (1997) : Les fonctions urbaines de Cotonou. Thèse de doctorat de 3ème cycle de Géographie. Université de Bordeaux III, 290 p.
OSMONT ANNICK, (1995) : Déguerpissements et conflits autour des légitimités citadines dans les villes du sud, Espace et Urbanisation, Edition Gallimard, Paris, 44 p.
SAGBO LEANDRE, (2012) : L'organisation de l'espace régionale par Kétou. Mémoire de maîtrise de Géographie, DGAT/ FLASH/UAC, 85 p.
SCHWARTZ DANIEL, 1995: Méthode statistique à usage des médecins et des biologistes, 4eme édition, Edition médicales, Flammarion, Paris, 314p.
TALERCIO PATRICK, (2008) : « Un déguerpissement exemplaire à Ouaga (Burkina Faso) », *Revue Agone, n°38-39*, La Découverte, Paris, pp.89-107.
Webographie
CLAVAL PAUL, (2006) : Le développement durable : Stratégies descendantes et Stratégies ascendantes dans Géographie, économie, société, n°8, Https:// Fr. m. Wikipedia.Org, mis en ligne le 07 novembre 2006, consulté le 29 octobre 2018 à 19 h 33min 12s.

NINNIN JUSTINE, (2016) : « le rêve carioca : entre planification urbaine et déplacements forcés de population », l'espace politique (en ligne), 22 /2014- 1, mis en ligne le 17 mars. 2014, consulté le 02 décembre 2017 à 22 h 40 min. URL : http : // espace politique. revues.org/ 2950 ; DOI : 104000/ espace politique, 2950.

TABLE DES MATIERES

Structures éditoriales du groupe L'Harmattan

L'Harmattan Italie
Via degli Artisti, 15
10124 Torino
harmattan.italia@gmail.com

L'Harmattan Hongrie
Kossuth l. u. 14-16.
1053 Budapest
harmattan@harmattan.hu

L'Harmattan Sénégal
10 VDN en face Mermoz
BP 45034 Dakar-Fann
senharmattan@gmail.com

L'Harmattan Cameroun
TSINGA/FECAFOOT
BP 11486 Yaoundé
inkoukam@gmail.com

L'Harmattan Burkina Faso
Achille Somé – tengnule@hotmail.fr

L'Harmattan Guinée
Almamya, rue KA 028 OKB Agency
BP 3470 Conakry
harmattanguinee@yahoo.fr

L'Harmattan RDC
185, avenue Nyangwe
Commune de Lingwala – Kinshasa
matangilamusadila@yahoo.fr

L'Harmattan Congo
67, boulevard Denis-Sassou-N'Guesso
BP 2874 Brazzaville
harmattan.congo@yahoo.fr

L'Harmattan Mali
ACI 2000 - Immeuble Mgr Jean Marie Cisse
Bureau 10
BP 145 Bamako-Mali
mali@harmattan.fr

L'Harmattan Togo
Djidjole – Lomé
Maison Amela
face EPP BATOME
ddamela@aol.com

L'Harmattan Côte d'Ivoire
Résidence Karl – Cité des Arts
Abidjan-Cocody
03 BP 1588 Abidjan
espace_harmattan.ci@hotmail.fr

Nos librairies en France

Librairie internationale
16, rue des Écoles
75005 Paris
librairie.internationale@harmattan.fr
01 40 46 79 11
www.librairieharmattan.com

Librairie des savoirs
21, rue des Écoles
75005 Paris
librairie.sh@harmattan.fr
01 46 34 13 71
www.librairieharmattansh.com

Librairie Le Lucernaire
53, rue Notre-Dame-des-Champs
75006 Paris
librairie@lucernaire.fr
01 42 22 67 13

www.ingramcontent.com/pod-product-compliance
Lightning Source LLC
LaVergne TN
LVHW010935061026
849535LV00007B/2416
9782343222240